体育新质生产力理论体系研究

TIYU XINZHI SHENGCHANLI LILUN TIXI YANJIU

布特　苏立德　郑澜 ◆ 著

国家社会科学基金后期资助项目『中国特色全民健身战略历史回顾、反思与展望』
（项目编号：22FTYB005）阶段性成果

湖南师范大学出版社
· 长沙 ·

图书在版编目（CIP）数据

体育新质生产力理论体系研究 / 布特，苏立德，郑澜著. --长沙：湖南师范大学出版社，2024. 10. --ISBN 978 -7 -5648 -5524 -6

Ⅰ. G812

中国国家版本馆 CIP 数据核字第 20244V501G 号

体育新质生产力理论体系研究

Tiyu Xinzhi Shengchanli Lilun Tixi Yanjiu

布　特　苏立德　郑　澜　著

◇出 版 人：吴真文
◇责任编辑：宋　瑛
◇责任校对：李　航
◇出版发行：湖南师范大学出版社
地址/长沙市岳麓区　邮编/410081
电话/0731 -88873071　88873070
网址/https：//press. hunnu. edu. cn
◇经销：新华书店
◇印刷：长沙印通印刷有限公司
◇开本：710 mm × 1000 mm　1/16
◇印张：11. 5
◇字数：200 千字
◇版次：2024 年 10 月第 1 版
◇印次：2024 年 10 月第 1 次印刷
◇书号：ISBN 978 -7 -5648 -5524 -6
◇定价：68. 00 元

序

在时代变革的浪潮中，生产力的革新始终是推动社会进步的核心力量。2023 年，一个全新的理论概念——新质生产力，在习近平总书记的多次重要讲话中被提及并赋予深远意义。总书记提出的“新质生产力”是中国式现代化理论又一个新的理论成果，是当代马克思主义政治经济学的新发展，也是人类生产力研究历史上里程碑式的新理论。

回顾这一理论的诞生与发展，可以看到一条清晰的思想脉络。从 2023 年 9 月习近平总书记在黑龙江考察时首次提出整合科技创新资源，引领发展战略性新兴产业和未来产业，加快形成新质生产力的构想，到今年 2 月在中共中央政治局第十一次集体学习中全面系统地论述新质生产力的核心要义，再到 3 月全国两会上对发展新质生产力提出具体要求。“新质生产力是创新起主导作用，摆脱传统经济增长方式、生产力发展路径，具有高科技、高效能、高质量特征，符合新发展理念的先进生产力质态。它由技术革命性突破、生产要素创新性配置、产业深度转型升级而催生，以劳动者、劳动资料、劳动对象及其优化组合的跃升为基本内涵，以全要素生产率大幅提升为核心标志，特点是创新，关键在质优，本质是先进生产力。”总书记从理论与实践结合、科技革命与未来社会融合的发展态势，科学系统地论述了新质生产力的战略地位、基本内涵、本质特征、根本目的、方法路径等一系列重要问题，为发展新质生产力指明了方向。习近平总书记关于新质生产力的重要论述蕴含着深厚的理论思维和实践哲学，对推进中国式现代化强国建设，满足人民对美好生活的向往具有重要而深远的意义。

新质生产力在引领经济高质量发展方面具有重要战略价值。发展是党执政兴国的第一要务，“高质量发展是全面建设社会主义现代化国家的首要任务”。党的十八大以来，随着我国生产力的发展进步，人民群众对美好生活的向往成为党的奋斗目标，人民群众对生活品质的追求客观上反映出我国经济已经由高速度发展阶段转向高质量发展阶段。为此，习近平总书记强调，“高质量发展需要新的生产力理论来指导”，“发展新质生产力是推动高质量发展的内在要求和重要着力点”。要推动经济高质量发展，努力实现中国式现代化强国建设目标，必须毫不动摇发展新质生产力。

新质生产力是推动我国生产关系变革和经济社会持续进步的关键动力。马克思指出，“个人是什么样的，这取决于他们进行生产的物质条件”，中国式现代化的经济场景是怎么样的，既同新质生产力的发展相一致，又同我们怎样运用新质生产力相一致。习近平总书记强调，新质生产力是“符合新发展理念的先进生产力质态”，将以创新、协调、绿色、开放、共享构建新发展格局，推动建设同中国式现代化相契合的经济体制和经济形态。因此，发展新质生产力将对生产关系产生革命性变革，引领社会要素及结构、生活方式及精神生活发展和变化。

新质生产力正在引领体育事业向更高水平迈进。体育事业是党和国家各项事业的重要组成部分，也是新质生产力推动实现中国式现代化的重要内容。特别是体育产业，作为新时代满足人民群众对美好生活向往的新兴产业、幸福产业、健康产业，承担着实现建设体育强国、健康中国等国家重大战略的责任使命。大数据、云计算和人工智能等信息技术在体育产业领域的深度应用，推动了产业结构持续优化，丰富了体育产品和服务供给，并促进了绿色低碳发展。通过对运动数据、健康状况、场馆运营等关键信息的深入挖掘与分析，体育产业的数字化、智能化、网络化转型正在加速。同时，在人工智能、区块链、5G 等前沿创新技术的助推下，智能训练、智慧场馆等体育保障条件不断得到提档升级，北京冬奥会和杭州亚运会便是新技术应用的典范。由此可见，新质生产力正引领体育事业高质量发展，并逐步塑造出体育领域的新特色、新优势。

体育新质生产力成为新质生产力在体育领域运用的重要实践理论范畴。体育新质生产力的研究正如火如荼，体育界对新质生产力在体育产业、体育消费、体育事业高质量发展、体育强国建设等多方面作用的研究也正走向深入，成果逐渐呈现出来。其中，布特教授带领科研团队从马克思主义哲学关于生产力三要素理论维度研究了新质生产力基本问题，首次大胆创新提出“体育新质生产力”概念，初步探索了体育新质生产力理论框架，并将相关成果相继发表于《光明日报》《北京体育大学学报》《天津体育学院学报》等理论刊物，引起《人民日报》网络版、《光明日报》网络版、“学习强国”等媒体的转载报道，为研究新质生产力开辟了体育学研究视角。令人欣喜的是，布特教授团队进一步深化研究成果，形成了专著，其中系统阐述了体育新质生产力内涵、特征、价值及其理论体系。这本书无疑将成为体育界研究新质生产力的一个重要的代表性成果，对于推动体育事业的高质量发展具有重要意义，值得我们高度关注和期待。

体育新质生产力，是体育理论研究的一个新课题，也是推进体育事业高质量发展的新的动力源。体育新质生产力研究要聚焦国家体育发展核心战略，紧紧围绕实现体育强国、健康中国的战略目标来研究关键技术问题，提出有前瞻性、实践性的理论模型和具体落实方案。同时，还需要关注建设人民满意的体育全局，以新质生产力来满足广大人民群众不断增长的多元化、个性化体育需求，不断将体育建成中华民族伟大复兴的标志性事业大格局，从体育产业与国家战略性新兴产业融合发展、体育与其他学科交叉协同发展大格局中加以深化研究。布特教授及其团队深入研究了上述体育新质生产力的诸多方面，以“七论”为重点从理论高度系统阐述了体育新质生产力理论核心问题，为我们提供了宝贵的思考和借鉴。

最后，希望这本书能够激发更多人对体育新质生产力的兴趣与热情。尽管以新质生产力全面推进体育事业高质量发展仍然任重道远，但我坚信只要我们坚持以人民为中心，携手共进，不断探索创新，深刻认识新质生产力与体育事业高质量发展间的内在逻辑，把握战略重点，找准发展路径，就一定能加快实现体育强国、健康中国的宏伟目标。

北京体育大学 

2024 年 7 月 1 日于北京

自 序

以新质生产力助推体育事业高质量发展

在中国式现代化新征程上，推进体育事业高质量发展至关重要。随着以数字化、网络化、智能化为主要特征的新一代信息技术在体育产业领域的深度应用，体育事业发展正在经历着巨大变革、发生深刻的变化。当前，以新技术、新价值、新动能、新产业、新模式为主导的生产力，为体育事业发展提供新动能和新机制。其时代内涵主要体现在三个方面：

首先，在激烈的国际竞争中，开辟发展新领域新赛道、塑造发展新动能新优势，从根本上说，还是要依靠科技创新。进入新时代以来，国家深入实施创新驱动发展战略，加快实现高水平科技自立自强。在体育事业的高质量发展中，要注重培育和发展新质生产力，不断提高科技成果转化和产业化水平，健全科技评价体系和激励机制，为新质生产力在体育事业的应用创造良好环境和条件。

其次，随着体育强国、健康中国建设等国家战略的实施，人民群众对健康生活方式的需求日益增长，体育事业迎来了转型升级的新机遇。新质生产力以技术创新、场景创新、模式创新为驱动，以要素变革、动力变革、质量变革和效率变革为主体超越传统生产力，搭建了以新技术、新价值、新动能、新产业、新模式为核心要素的新型体育产品与服务、体育推广与发展生态体系，能更高水平、高效率、高便捷地满足人民群众的体育需求。

最后，当今时代，我国大力推动大数据、云计算和人工智能等信息技术在体育产业领域的深度应用，推动产业结构优化升级，丰富体育产品和服务供给，促进绿色低碳发展，提高我国体育产业在全球产业链、供应链中的地位，为我国体育事业在世界体育发展中占据一席之地奠定了坚实的基础。为此，要从以下方面加快形成新质生产力，助推体育事业高质量发展。

一是构建新质生产力的形成环境，加强体育科技创新政策扶持，促进人工智能、区块链、云计算、5G、物联网、大数据等新技术在智能训练、智慧场馆、高端体育装备制造、科学康养、体育传媒、体育培训等体育各领域中的广泛应用，推动体育事业向更高水平迈进。

二是创新数据要素的应用场景，增强对运动表现、健康状况、场馆服务、赛事运营、企业营销等体育数据要素的挖掘分析和利用，实现以数据为核心的体育服务业、体育用品制造、体育场地设施建设向数字化、智能化和网络化的转变。

三是构建现代化产业体系，激发市场主体科技创新活力，以云端管理系统、互联网服务平台等技术发挥体育产业带动多个行业领域的辐射作用，加快形成全要素、全产业链、全价值链的体育产业现代化体系。

四是推进体育绿色转型发展，将绿色发展理念贯穿在体育事业各个环节，加强碳足迹、智能光伏、水循环系统、智能养草、新型二氧化碳制冰技术等绿色体育科技的研发与应用，促进体育绿色化、低碳化、循环化发展。

五是加强科技创新人才培育，树立体教融合的系统观念，打造产学研用深度融合的技术创新体系，注重培养一批能够把握新一轮科技革命和产业变革机遇、具有国际视野和全球竞争力的体育创新创业人才。

布　特

2024 年 3 月 26 日

（该文章发表于《光明日报》客户端，并被《光明日报》网络版、“学习强国”全文转载）

目 录

第一章
体育新质生产力内涵新论

随着以大数据、人工智能、区块链等新一代数字信息技术为标志的第四次科技革命席卷全球，作为国家支柱性新兴产业，体育产业迎来了网络化、信息化、智能化转型发展的利好机遇。2023 年 9 月，习近平总书记考察黑龙江时提出："整合科技创新资源，引领发展战略性新兴产业和未来产业，加快形成新质生产力。"① 2024 年 2 月，习近平总书记在中共中央政治局第十一次集体学习时强调："发展新质生产力是推动高质量发展的内在要求和重要着力点，必须继续做好创新这篇大文章，推动新质生产力加快发展。"② 2024 年 3 月，习近平总书记在参加十四届全国人大二次会议江苏代表团审议时再次强调："要牢牢把握高质量发展这个首要任务，因地制宜发展新质生产力。"③ 2024 年全国两会后习近平总书记在湖南考察时提出，科技创新是发展新质生产力的核心要素。④ 新质生产力是全新的概念和范畴，总书记提出的"新质生产力"是人类生产力研究历史上里程碑式的新理论，

---

① 新华社．习近平在黑龙江考察时强调：牢牢把握在国家发展大局中的战略定位奋力开创黑龙江高质量发展新局面［J］．党的生活（黑龙江），2023（9）：6－9．

② 新华社．习近平在中共中央政治局第十一次集体学习时强调：加快发展新质生产力　扎实推进高质量发展［EB/OL］．（2024－02－01）［2024－02－02］．https：//www.gov.cn/yaowen/liebiao/202402/content_ 6929446.htm．

③ 新华社．习近平在参加江苏代表团审议时强调：因地制宜发展新质生产力［EB/OL］．（2024－03－05）［2024－03－07］．https：//www.gov.cn/yaowen/liebiao/202403/content_ 6936752.htm．

④ 新华社．习近平在湖南考察时强调：坚持改革创新求真务实　奋力谱写中国式现代化湖南篇章［EB/OL］．（2024－03－21）［2024－03－24］．https：//www.gov.cn/yaowen/liebiao/202403/content_ 6940751.htm．

是当代马克思主义政治经济学的新发展，是中国式现代化理论又一个新的理论成果。新质生产力的理论内涵和现实意义不是仅限于一地一域，而是具有超越区域和领域限制的正确性和科学性。① 新质生产力一经提出就在科学研究各个领域得到延伸与应用，如经济高质量发展研究、农业高质量发展研究、新型工业化研究等。现阶段，体育领域关于新质生产力的研究主要集中于体育新质生产力理论阐述②、体育产业高质量发展③等主题。于体育事业而言，以新技术、新价值、新动能、新产业、新模式为主导的生产力，能够源源不断地为体育事业发展提供新动能和新机制。④

加快新质生产力的形成，需加速实现科技领域的高水平自立自强，推进各项事业发展的全面规划与布局，不仅要注重科技实力的提升，更要着眼于未来产业的发展趋势，确保我国在全球经济竞争中占据有利地位。体育事业是党和国家各项事业的重要组成部分，而体育产业是新时代满足人民群众对美好生活向往的新兴产业、幸福产业、健康产业，承担着落实体育强国、健康中国等国家重大战略的责任使命。因此，体育必然将成为新质生产力的组成部分。体育新质生产力是在科技革命与经济全球化的相互交织影响下产生的，既是对传统体育产业生产力的超越，又是随着新技术革命而孕生的新型生产力形态，是中国式现代化高质量发展的推动力。要回答体育新质生产力问题，必须以界定范畴和概念作为逻辑起点来论述体育新质生产力理论。

一、体育新质生产力的内涵

体育新质生产力是在科学技术飞速发展下所孕育的具有智能化、效率化、低碳化等特性的体育新发展，是一种质的飞跃。体育新质生产力的概

---

① 盖凯程，韩文龙．新质生产力［M］．北京：中国社会科学出版社，2024：7.

② 布特，苏立德，郑澜．体育新质生产力的内涵特征、价值与形成路径研究［J］．北京体育大学学报，2024，47（3）：1－11.

③ 潘凯凡，沈克印．以数字新质生产力推动体育产业高质量发展的内在机理、阻滞因素与推进策略［J］．体育学刊，2024，31（2）：7－14.

④ 布特．以新质生产力助推体育事业高质量发展［EB/OL］．（2024－03－07）［2024－03－20］．https：//sports. gmw. cn/2024－03/07/content_ 37190899. htm.

念是在顺应时代发展潮流、符合人类现实需求的条件下提出的，其中新技术、新价值、新要素、新业态、新模式、新动能是体育新质生产力建构的核心要素，加快促进体育新质生产力的发展将成为新时代推动经济社会进步与变革的重要力量。

数字时代的互联网、物联网、人工智能等技术不仅深刻影响人类社会的生产方式和生活方式，同时也对全球产业链、供应链和价值链产生了深远影响。体育新质生产力是以科技创新为核心，在实现技术革命性突破，促进体育产业转型升级，创新体育资源要素配置，提升体育社会价值和经济效益中形成的新技术、新价值、新要素、新业态、新模式、新动能。

（一）体育新质生产力的新技术

"创新能力是战略性新兴产业发展的核心保障"①。在体育产业领域，随着科技的飞速发展，体育新质生产力所带来的新技术不断涌现，这些新技术与体育领域的深度融合，为体育事业的未来发展提供了强大的支撑。体育新质生产力的新技术是指在科学技术不断进步的背景下，与体育领域深度融合，展现出智能化、数字化、低碳化等显著特性的新技术。具体来说，体育新质生产力的新技术以大数据、虚拟现实、人工智能等新兴技术为支撑，通过先进的算法和模型，对体育领域生产运营过程中的全要素进行资源整合和创新配置，形成生产运营、管理和服务的全要素、全过程的技术革新，推动体育事业向更加智能化、数字化、低碳化的方向发展。在生产运营方面，新技术可以通过大数据分析和预测，实现对体育资源的精准投放和高效利用；在管理方面，新技术可以通过智能化手段，提高管理效率和决策质量；在服务方面，新技术则可以通过虚拟现实、人工智能等技术手段，提供更加个性化、智能化的服务体验；在运动员的训练和比赛中，新技术可以通过虚拟现实技术模拟真实的比赛场景和对手情况，帮助运动员进行更加有效的训练和比赛；在体育场馆的运营中，新技术则可以通过

---

① 李文军，郭佳．我国战略性新兴产业发展：成效、挑战与应对［J］．经济纵横，2022（8）：65－75.

智能化管理手段，提高场馆的利用效率和服务质量。这些新技术不仅代表了体育事业未来的发展方向，更是推动体育产业转型升级的重要力量。

（二）体育新质生产力的新价值

党的二十大报告提出的“推动经济社会发展绿色化、低碳化是实现高质量发展的关键环节”①，既体现了我国对于生态文明建设的高度重视，也指明了体育事业未来发展的新方向。在这一背景下，体育新质生产力的新价值愈发凸显，尤其是在绿色低碳方面的贡献，为体育事业的高质量发展注入了新的动力。体育新质生产力的新价值在于将绿色低碳理念贯穿于体育事业发展的全过程。通过采用循环利用和废物再生技术、节能环保材料和设备等新型生产资料，体育新质生产力在减少碳排放与废弃物产生方面取得了显著成效。这不仅降低了体育事业发展对环境的负面影响，也促进了资源的循环利用和节约，符合我国推进生态文明建设的战略目标。具体来说，首先，推动绿色化转型。体育新质生产力通过引入先进的环保技术和设备，推动体育事业向绿色化、低碳化方向转型。例如，在体育场馆建设和运营中，采用节能材料和设备，减少能源消耗和碳排放；在体育用品制造中，使用可回收材料和环保工艺，降低废弃物产生和环境污染，既提升了体育产业的绿色发展水平，又为人民群众提供更加健康、环保的体育消费环境。其次，促进资源循环利用。体育新质生产力注重资源的循环利用和节约，通过采用循环利用和废物再生技术，将废弃物转化为新的生产资料或产品。这不仅减少了资源的浪费和环境的污染，也降低了体育产业的运营成本。例如，在体育赛事中，通过合理的场地规划和资源调配，实现赛事用品的循环利用和节约；在体育场馆运营中，采用智能化管理系统，实现能源和水资源的节约利用。体育新质生产力的绿色低碳发展符合我国推进生态文明建设和建设人与自然和谐共生的中国式现代化本质要求。

---

① 习近平．高举中国特色社会主义伟大旗帜为全面建设社会主义现代化国家而团结奋斗[N]．人民日报，2022-10-26（1）．

（三）体育新质生产力的新要素

在当今信息化、数字化的时代浪潮下，体育新质生产力正以其独特的魅力与力量，引领着体育事业的深刻变革。这一变革的核心，正是以“数据”为关键创新资源要素，通过先进的技术手段，对运动训练、体育赛事、体育产品销售等数据进行深度挖掘与分析，从而推动传统体育资源要素的重新配置与组合。在体育事业的各个环节中，数据都是不可或缺的。从运动员的日常训练到体育赛事的策划与组织，从体育产品的销售到用户反馈的收集，都离不开数据的支撑。这些数据，如同体育的“血液”，为体育新质生产力提供了源源不断的动力。首先，在运动训练领域，通过对运动员的身体数据、训练数据、比赛数据等进行实时采集与分析，教练团队可以更加精准地了解运动员的状态与需求，从而制订出更加科学、高效的训练计划。这种数据驱动的训练方式，不仅提高了运动员的训练效果，也降低了运动损伤的风险，为运动员的长远发展奠定了坚实基础。其次，在体育赛事领域，通过对赛事数据的深度挖掘与分析，主办方可以更加准确地预测赛事的走向与结果，从而制定出更加合理的赛事策划与营销策略。同时，数据还可以帮助主办方更好地评估赛事的效果与影响力，为未来的赛事举办提供有力支持。再其次，在体育产品销售领域，通过对销售数据的分析，企业可以了解消费者的需求与偏好，从而调整产品策略、优化产品设计、提高产品质量。这种数据驱动的产品开发方式，不仅可以提高产品的市场竞争力，也可以增强消费者的满意度与忠诚度。最后，体育新质生产力通过数据的实时采集、存储、挖掘和分析，实现了对传统体育资源要素的重新配置与组合。在这个过程中，体育新质生产力以数据为纽带，将体育事业的各个环节紧密连接起来，形成了一个高效、协同、创新的生态系统。

（四）体育新质生产力的新业态

“新业态是指基于新技术从现有经济运行中衍生出的新环节”①。在体育领域中，新业态的崛起不仅代表了技术进步的成果，更是创新发展的重要

① 戚聿东，李颖．新经济与规制改革［J］．中国工业经济，2018（3）：5－23．

体现。随着生产方式的不断升级以及生产资料的创新配置，我国体育产业体系正经历着从相对封闭向开放转变的深刻变革。“以数字赋能为例，体育产业完成转型升级，能够推动其以更高效率完成与市场端、需求端对接”①。这种数字赋能下的体育产业新业态，极大地丰富了体育产业的内涵和外延。首先，智能体育制造是新业态中的一大亮点。借助物联网、大数据、人工智能等先进技术，智能体育制造实现了对传统体育制造业的智能化升级。从产品的研发设计到生产制造，再到供应链管理，智能体育制造都能够实现全流程的数字化监控和智能化管理，提高了生产效率、降低了成本，同时也保证了产品的质量和性能。其次，智慧体育场馆则是另一个重要的新业态。通过引入智能化管理系统和服务设施，智慧体育场馆能够为消费者提供更加便捷、舒适、安全的运动环境。从场地预约、运动数据分析到健康监测、安全保障等方面，智慧体育场馆都能够提供全方位、个性化的服务，满足消费者多样化的运动需求。再其次，线上体育服务也是新业态中的一大特色。线上体育服务不仅具有更广泛的覆盖范围和更便捷的使用方式，还能够提供更加多样化、个性化的服务内容。例如，线上健身课程、体育赛事直播、运动数据分析等，都已经成为消费者喜爱的体育服务方式。最后，运动技术线上推广和发展，运动数字控制等新型体育业态也在不断涌现。这些新业态通过数字化技术的应用，实现了对运动技术的精准分析和科学指导，帮助运动员和爱好者更好地掌握运动技能、提高运动水平，为体育产业带来了新的增长点和发展机遇。

（五）体育新质生产力的新模式

体育新质生产力不仅以创新驱动着传统的体育生产方式转型，还催生出了以线上竞技为主、线上线下运动相结合的新型体育模式的全新生态。这种新型体育模式代表了体育领域内新质生产力的一次飞跃，其背后是技术革新与产业融合的不断深化。线上竞技的兴起是体育新质生产力崛起的一个重要标志，特别是随着虚拟现实（VR）和增强现实（AR）等技术的

---

① 李荣日，于迪扬．数字经济驱动体育产业振兴发展：逻辑理路与实现向度［J］．天津体育学院学报，2023，38（6）：653－661.

进步，线上竞技逐渐成为人们日常生活中不可或缺的一部分。这些技术通过创造沉浸式的虚拟环境，让人们仿佛置身于真实的比赛之中，极大地增强了竞技体验的真实感。不仅如此，它们还为不同地域和时间的体育爱好者提供了参与各类体育竞技的可能，打破了地理和时间上的限制。线上竞技的兴起，不仅仅是技术上的一大突破，更是一场社会生活方式的革命。它使得原本受限于线下条件的体育活动得以延伸至线上，让全世界的人们都能享受到高质量的体育体验。在这样的发展趋势下，体育产业实现从单一的传统商业模式向多元化、多层次的方向转变。而线上线下运动的有机结合，则是体育新质生产力另一项显著的成就。在这种新模式下，传统线下体育活动与线上平台紧密结合，形成了一个高效协同的互动系统。通过线上平台，可以方便快捷地发布信息、组织预约报名、进行数据分析等，为线下活动提供强有力的支持。这种结合不仅提高了线下活动的效率，也为参与者带来了极大的便利。用户可以随时随地访问最新的体育资讯和赛事信息，根据自己的兴趣和时间表选择合适的体育活动。更为重要的是，线上平台还能够对参与者的运动数据进行有效收集和分析，从而为参与者提供科学合理、个性化的运动建议，帮助提升运动表现和满意度。体育新质生产力的新模式推动了体育产业的转型升级，它促进了体育产业与其他产业的深度融合发展，比如体育旅游、体育健康等领域，为体育爱好者提供了更加多样化和个性化的体验。这种模式强调了体育的社交功能，鼓励人们通过体育活动结识新朋友、拓展社交圈，进一步加深了群众对体育的热爱和参与度。

（六）体育新质生产力的新动能

在新兴科技元素正以前所未有的速度融入体育领域的变革浪潮中，具备跨学科背景和技术储备的新型体育科技创新人才成了体育新质生产力发展的关键力量，为体育科技的进步带来了崭新的动能。这些新型体育科技创新人才不仅拥有深厚的体育知识，更具备了对科技领域极具前瞻性的敏锐洞察力和创新能力，能够熟悉并掌握了包括人工智能、大数据、云计算、物联网等在内的一系列前沿技术，将技术应用于体育产业的各个环节，从而推动体育科技以前所未有的方式重塑体育全领域。在体育产品研发和营销方面，新型体育科技创新人才运用虚拟现实和增强现实技术，开发出更加逼真、有趣的体育产品，如虚拟运动游戏、互动运动器材等，满足消费者对于个性化、多样化的体育需求。在体育训练方面，新型体育科技创新人才利用大数据和人工智能技术，对运动员的训练数据进行深度挖掘和分析，为教练团队提供更加精准、科学的训练建议，更好地因材施教，为每位运动员量身定制训练计划，极大地提高了训练效果。在赛事运营方面，通过引入物联网技术，实现对赛事的智能化管理，从票务销售到观众服务，再到场地设施监控，所有环节都变得更加高效和便捷。这种智能化的赛事运营模式不仅大幅提升了赛事的举办效率，也极大地改善了观众的观赛体验。观众可以通过智能设备实时获取赛事信息，享受更加个性化的观赛服务，而赛事组织者则可以通过大数据分析，更准确地预测赛事的商业价值和市场反应。新型体育科技创新人才的崛起，不仅为体育科技开辟了新的发展路径，也为体育产业的转型升级提供了强大的动能，更开启了体育事业高质量发展的新篇章。

对体育新质生产力内涵的界定和理解可以从以下几个方面入手：首先，体育新质生产力是本体概念，作为体育先进生产力形态，体育新质生产力实现体育领域的技术革命性突破与劳动者、劳动资料和劳动对象的融合跃升，形成以新型体育科技创新人才为主体的劳动者，以大数据、物联网、虚拟现实、人工智能、移动智能设备等体育领域新兴技术为劳动资料，以体育场地设施建筑业、体育服务业、体育用品制造业、体育新产业及体育与相关产业融合发展领域等为劳动对象的生产力变革调整，并形成与之相适应的新型生产关系。其次，体育新质生产力是关系判断，是随着新一轮科技革命和产业变革而产生的新型体育生产力形态，当代体育若脱离现代技术则无法融入人们的生活，更无法形成完整的产业系统。同时，在新兴技术的推动下将促进体育转型升级，形成体育生活态、体育产业链和价值链的多元化。最后，体育新质生产力是价值判断，是创造新价值的新型体育生产力形态。通过实现技术革命性突破，提升全要素生产率，将优化原有产业结构和体系，提高产业发展质量，促进智能体育、绿色体育、体育新领域、体育科技人才等多方面的创新发展，构建现代化产业体系，形成超越传统体育的新型体育价值模式，为推动体育生活化、产业化、市场化发挥前瞻性作用，助推体育事业高质量发展。从以上分析可以推出，体育新质生产力是代表体育发展的新趋势，产生了新技术、新价值、新业态、新要素、新模式、新动能，因此称其为“新生产力”。它又是体育生产力发展质的飞跃，推动着体育产业由粗放发展向集约发展转变、由规模扩张向质量转型、由要素驱动向创新驱动转变、由相对封闭的产业体系向开放的产业体系转型。通过深化科技创新在体育领域的应用，推动了产业结构深度转型升级，提升竞技体育综合实力，提高全民健康水平，促使体育事业发展发生深刻的变化，不断开辟体育事业新领域、新赛道、新路径，以更高水平、高效率、高便捷地满足人民群众的体育需求，推动我国体育事业在世界舞台上展现出更加强大的影响力，因此称其为“体育新质生产力”。它的“新”体现在体育的新技术、体育的新模式、体育的新要素等。它的“质”体现在体育的新业态、体育的新价值、体育的新动能等，“关键在质优，本质是先进生产力”①。

因此，我们根据中国式现代化的新质生产力理论论述体育新质生产力范畴，体育新质生产力是新质生产力的组成部分，也是体育事业实现高质量发展的“重要着力点”。体育新质生产力，是由数字要素和 AI（人工智能）大模型在体育领域普遍化、规模化应用而形成的智能生产力，是数智时代生产力发展新样态、新态势，将推进体育事业产生颠覆性变革。从目前发展态势来看，在新质生产力理念引领下，体育事业发展方向呈现出以下内容：第一，数字要素在体育全领域的深度广泛使用，对体育事业产生结构性、功能性变革；第二，将加大对国家级体育数字资源库的建设力度，强化对体育数字资源产权的保护；第三，AI 技术在运动训练、运动康复、体育赛事和体育场馆管理中得到广泛应用，催生 AI 健身场景、AI 运动训练场景和 AI 赛事场景等体育新业态和新产业，并引领体育产业发展大趋势；第四，AI 技术对体育制造业产生变革性动能，“智能制造”成为体育制造业发展的新趋势；第五，数智时代对体育人才的培养提出了新要求和新需求，体育人才的培育方式和趋势将发生重大变化。

---

①　黄再胜. AI 大模型赋能新质生产力加快发展：内在机理、现实障碍与实践进路［J/OL］. 改革与战略，［2024－03－11］. https：//link. cnki. net/doi/10. 16331/j. cnki. issn1002－736x. 2024. 02. 001.

二、体育新质生产力三要素解释

体育新质生产力是更新、更高水平的生产力，是体育传统生产力的继承和跃升。体育新质生产力的主体是“生产力”。在马克思看来，生产力由三个基本要素构成，他指出：“劳动过程的简单要素是：有目的的活动或劳动本身，劳动对象和劳动资料。”① 因此，为加快形成和发展体育新质生产力，需要进一步正确认识和界定体育新质生产力的三个基本要素。

（一）体育新质生产力的劳动者

马克思认为“生产力是人们应用能力的结果，但是这种能力本身决定于人们所处的条件，决定于先前已经获得的生产力”②。作为生产力中最活跃的因素，生产过程中的价值创造都是由劳动者作为主体进行，劳动者素质全面发展是生产力进步的主体条件。“在以高质量发展实现现代化的进程中，先进生产力的发展必须依赖高素质劳动者的培育和成长，依赖于丰富的人才储备和人力资源的优化配置。”③

体育新质生产力在科技创新的背景下丰富并拓展了劳动者的范畴，也对劳动者的能力提出了更高的要求。体育传统生产力的劳动者知识体系更多局限在掌握体育教学、运动训练、健康保健、运营管理、体育经济等单项专业技能内容，而缺乏针对多元化体育技能的复合应用能力，从而导致体育科技创新和成果转化能力较为薄弱。体育新质生产力的劳动者是在掌握体育传统专业技能的基础上，能够灵活掌握数字技术、AI 大模型、高端算法、高新机械制造技术、新能源技术、新材料技术、新环保技术、新医疗健康技术等新兴科技的应用型体育人才，具有更高教育水平、更强学习能力、更优思想道德的高素质体育人才，能够适应新型复杂环境的跨学科、跨领域、跨行业的综合性体育人才。尤其是迅猛发展的 AI 技术在体育领域

---

① 马克思，恩格斯．马克思恩格斯文集：第 5 卷［M］．北京：人民出版社，2009：208.

② 马克思，恩格斯．马克思恩格斯文集：第 10 卷［M］．北京：人民出版社，2009：43.

③ 张辉，唐琦．新质生产力形成的条件、方向及着力点［J］．学习与探索，2024（1）：82－91.

所包含的竞技运动员、教练员、裁判员、体育健身群体、体育产品生产、加工和服务等方方面面均与AI机器人协同工作，协同竞技、协同健身、协同训练、协同生产运营等智慧体育是体育事业发展的大趋势。面对AI机器人的复杂认知能力不断提升的现实，迫使体育劳动者在综合素养、能力结构方面产生根本性变革，适应“人与AI机器人”共存、共生、共产的体育发展新格局。

同时，在加快形成体育新质生产力的背景下，新型体育人才应发挥体育自身的独特功能，充分展现出“体育人”所具有的思维的敏捷性、想象力的丰富性、对知识的好奇探索、坚韧的意志品质和甘于奉献等体育精神。首先，体育活动以其独特的魅力，促使人们积极投入运动，从而激发出内在的灵性。长期参与体育运动的个体，其创造力及综合能力往往超越那些缺乏运动习惯的人。其次，体育不仅是身体的锻炼，更是心灵的游戏。它让人们在玩耍中展现个性，体验竞争与合作的乐趣。正如人类表达的最高形式往往源于玩耍的初心，参与体育活动即是参与这种纯粹的、无拘无束的玩耍。在此过程中，人们不仅能够树立正确的身体与自我意识，还能充分展示独立、自主的本质力量。再其次，新型体育劳动者需要具备坚韧的品质。这包括坚定的意志、宽容的心态和坚持不懈的精神。体育运动，特别是长跑等耐力运动，能够锻炼人的韧性。我国著名长跑运动员王军霞曾言：“很多人说长跑枯燥，可我看重的是每一次超越，每次训练超越上一次。跑步的时候我心里面都是在唱歌的，享受这个过程。”最后，新质劳动者还需展现出拼搏进取、全力以赴、甘于奉献的精神。在激烈的竞争中，运动员需要强烈的竞争意识与创造才能，面对困难与挑战时能够坚持不懈、克服困难。这种精神特质，对于培养能够应对现代技术挑战、适应高端设备、具备快速知识迭代能力的新型体育劳动者至关重要。因此，新型体育劳动者需要充分发扬体育精神，这种精神特质，对于新型体育劳动者应对现代技术挑战、适应高端设备、具备快速知识迭代能力至关重要。

可以看出，体育新质生产力聚焦体育领域颠覆性科技的创新和应用，要求劳动者在意志品质、先进知识、高端技能、创新能力等方面进一步拓展延伸和提高，将发扬体育精神与推动体育事业高质量发展结合起来，灵活应用和掌握新兴技术和工具，并将其转化为实际的竞争优势。“体育的活动特征包含‘主客同一’的基本活动表征和‘躬亲实践’的基本活动要求。”① 新型体育人才兼具劳动主体和劳动对象的双重属性，其对于体育颠覆性科技的创新和应用拥有着“本位”的理解能力和实践能力，在体育科技创新的“躬亲实践”中表现出更强的技术敏感性，是在综合素质方面表现出更强能力优势的劳动者群体，是对传统体育劳动者进行“新质改造”的主体，是体育新质生产力的创造者和使用者，是最活跃、最具决定意义的能动主体，能够更好地将科技创新成果应用到体育领域，更大地满足广大人民群众日益增长的体育需求。

（二）体育新质生产力的劳动资料

马克思指出：“各种经济时代的区别，不在于生产什么，而在于怎样生产，用什么劳动资料生产。”② 此外，他认为生产力的组成要素还包括科学，并强调了科学在生产过程中的重要作用：“生产过程成了科学的应用，而科学反过来成了生产过程的因素即所谓职能。”③ 体育新质生产力是应用颠覆性科技，以“新科技”“新要素”为主导实现劳动资料的重塑，使劳动资料发展呈现数字化、智能化特征和趋势。

体育传统生产力的劳动资料主要是以体育器材金属加工技术、体育用品皮革制作技术、体育穿戴传统纺织技术、运动塑胶场地人工合成橡胶技术、冰雪场地人工合成制冷剂技术、体育赛事电视直播技术等传统科学技术，以场馆的传统用电设备、高耗能游泳池水泵、传统制冰机、传统造雪机、球类球体充气机、硬件模具设备、金属切削设备、自动化焊接设备等生产设备，以足球场天然草皮、体育器材所需的钢材、铝合金、镁合金、钛合金等材料、运动场地所需的柏油、橡胶、塑胶等场地设施材料为主要内容。在体育新质生产力推动下呈现的新型劳动资料主要是以数字技术、AI 大模型、高端算法、高新机械制造技术、新能源技术、新材料技术、新环保技术、新医疗健康技术、数字疗法等新兴科学技术，以体育场馆光伏

---

① 王广虎，冉学东．体育的历史生成——“体育基本原理”基于教材文本的学科反思［J］．成都体育学院学报，2022，48（1）：29－38．

② 马克思．资本论：第一卷［M］．北京：人民出版社，2004：210．

③ 马克思，恩格斯．马克思恩格斯文集：第8卷［M］．北京：人民出版社，2009：207．

发电设备、场馆运营智慧云平台、碳纤维复合材料体育设施和装备、二氧化碳跨临界直冷制冰机、游泳池新型节能水泵、智能穿戴设备等新兴智能生产设备，以足球场可回收人造环保草、运动场地新型可回收环保地板等新型原材料，以人工智能运动训练、智慧运动社交平台、智能健身、云赛事、赛事智能监测、智慧体育运动公园和场馆等新兴体育网络平台、移动终端和数字媒介为主要内容。新型劳动资料是体育新质生产力形成的重要标志和现实载体，也是加快形成体育新质生产力的重要支撑。

（三）体育新质生产力的劳动对象

“马克思将劳动过程描述为劳动者将劳动资料作用于劳动对象的有目的有计划的活动，劳动产品即为人本质力量对象化的产物。”① 数字智能时代劳动者的核心劳动对象是数字信息，新质生产力意味着劳动对象实现了升级转化，在体育领域劳动对象既包含各类运动设施产品所需原材料等实物对象，又包含健身爱好者、运动员、体育消费者及生产运营中产生的各类数据、信息等虚拟对象，在新质生产力变革中劳动对象呈现出更多“新领域”“新赛道”，产生出体育事业发展的新价值和新模式。体育事业的发展呈现出向广大人民群众提供更加便捷、更加高效率、更加高品质体育服务的新趋势。

体育作为一项特殊的人类活动，是个体日常提升自身素质的实践活动。“体育，就其活动的性质而言，是人对自身自然的自觉改造。”② 在新质生产力时代，体育对人自身改造不再局限于传统的器材和工具，更多的是应用数字化技术，以大算力、大模型来分析和呈现运动干预下人的体质、心理等各种技能的变化，并重新整合和优化运动干预方案，提高运动员的竞技能力和体育健身人群的体质健康水平，从而实现人身心的全面而自由发展。“身体作为体育运动的载体，既是出发点也是落脚点。”③ 因此，体育新质生

① 尹寒．数字劳动异化的实质、表现及其超越［J］．思想教育研究，2024（2）：92－98.

② 王广虎，冉学东．中国式现代化体育发展的理论基础与观念更新［J］．北京体育大学学报，2022，45（12）：1－11.

③ 岳游松，刘素萍．从救亡图存到人民至上：中国式现代化进程中体育观念的内涵拓展［J］．武汉体育学院学报，2024，58（2）：1－6，29.

产力的劳动对象最终主要归结为人。人以身体运动为基本方式，在新兴科技的渗透下通过智慧体育设施、智能穿戴设备、线上体育平台等新兴方式在体育运动中获得对自身更高的改造能力，从而促进人的自由全面发展，凸显了体育新质生产力坚持“以人民为中心”的体育事业发展目标，不断满足广大人民群众日益增长的体育需求，体现了中国共产党“始终把人民立场作为根本立场，把为人民谋幸福作为根本使命，坚持全心全意为人民服务的根本宗旨”①。

综上，体育新质生产力是生产力的新发展形态，又是新性质的生产力。体育新质生产力的“新”体现在科学技术新变革、劳动者素质新提升、劳动要素新拓展、劳动对象新发展，是以新兴技术为主体统领体育运动的参与者、体育运动改造对象、体育运动设施和器材等工具要素体系的生产力；体育新质生产力的“质”体现在以数据为要素构建新质量、新性质、新品质的体育生产力全要素体系，为体育运动训练、群众体育、体育产业等体育诸多领域创造出更高质量的新技术、新价值、新要素、新业态、新模式、新动能，为体育事业带来变革性、颠覆性、超越性发展。无论是广大社会健身群体，还是体育精英阶层，都提供了更加快捷、更加高效率、更加高质量、更加高品质的体育产品，深刻推动人的自由而全面发展，促使社会文明更加进步。

① 习近平．习近平谈治国理政（第2卷）［M］．北京：外文出版社，2023：162．

第二章
体育新质生产力特征论

体育新质生产力是指将科技要素渗透到生产力的每一个环节之中，在对传统生产力进行改造的基础上，使之持续地生成和发展出一种新的生产力，促使体育领域的全面飞跃。它既包含体育生产力的内在规律，又有许多新的特征，是对传统生产力的继承和超越。体育新质生产力既丰富了体育的内涵，还展现出以创新为驱动、以数据为关键性要素、以提质增效为基本要求、以多元融合为结构体系、以绿色低碳为根本目标的体育生产力新特征。

一、以创新为驱动的生产力

体育产业作为新兴产业，以其独特的新兴属性展现出鲜明的动态特征。这种动态性不仅体现在体育产业内部的持续变革与进化，更在于其与外部环境之间的互动和适应，从而确保体育产业能够紧跟时代步伐，持续保持其竞争力和活力。随着我国经济已由高速增长阶段转向高质量发展阶段，对体育事业发展提出了更高的要求。“创新要实，就是要推动全面创新，更多靠产业化的创新来培育和形成新的增长点。”① 体育新质生产力作为一种“创新”力量，是推动体育产业结构转型升级、促进体育事业高质量发展的关键所在。创新驱动是体育新质生产力的核心要义，要求在创新驱动过程

---

① 中共中央文献研究室．习近平关于科技创新论述摘编［M］．北京：人民出版社，2016：6.

中充分发挥体育事业各主体的能动性，推动体育产业从要素驱动向创新驱动转型发展。

（一）体育产品个性化、定制化创新

在体育领域中，新质生产力的涌现正不断推动着体育产品的创新与发展。这种新质生产力的创新驱动主要源自技术和材料的不断突破，为体育装备、器材以及场馆设施带来了变革。在运动装备这一环节，科技与体育的融合达到了前所未有的高度。内置传感器、导电纤维以及计算机系统等高科技元素被巧妙地融入了各种运动装备之中，这些装备能够实时监测运动员的心率、步频以及运动轨迹等一系列关键的身体参数，从而为运动员和教练团队提供一个更为直观和精确的身体状况评估。这种实时数据反馈不仅极大地丰富了运动员训练的科学性，而且还使得训练方式更加个性化、定制化，真正做到了根据运动员的身体状态和训练需求进行调整。运动装备具备了智能化、自动化的特点，使其能够根据运动员的需求和习惯进行自动调节，大大提高了训练和比赛中的效率；在体育器材领域，新材料和新技术的应用更是取得了突破性的进展。例如，碳纤维材料因其卓越的轻量化效果而广泛应用于自行车制造，这不仅减轻了运动员的负荷，同时也显著提升了运动表现。钛合金材质的网球拍则因为其出色的强度和耐用性受到网球爱好者的青睐。这些新型器材不仅在赛场上展现出优异的比赛表现，而且由于使用寿命的延长，减少了频繁更换器材的经济成本和时间成本。此外，随着智能化技术的不断发展，带有感应功能的篮球和足球器材，通过数据分析帮助运动员更准确地分析对手的球路和自己的表现，进一步提升了比赛的效率和策略制定；在场馆设施方面，先进的建筑技术和材料的运用使得体育场馆变得更加环保、节能和舒适。智能化场馆的出现，更是将场馆管理推向了一个全新的境界，高效的智能化管理方式也能提高场馆使用效率，降低运营成本，确保场馆安全稳定运行。新质生产力在体育领域中的应用正在重塑着人们对体育装备、器材乃至场馆设施的理解和认知，不仅体现在性能和功能上的提升，更在于为运动员带来更为科学的训练方法，为球迷提供更加精彩的观赛体验。

（二）体育营销精准化、品牌化创新

在体育新质生产力的推动下，体育营销进入了新的阶段。互联网技术的迅猛发展和移动设备的普及，为体育营销注入了无限活力，使其创新速度大幅提升。这种变革不仅仅局限于广告的投放策略和品牌形象的构建，它更在竞赛策划、品牌推广、传播渠道等多个方面展现出深远的影响力和颠覆性的变革。以 VR 技术为例，这项尖端科技已经成为体育营销中不可或缺的一环。体育品牌通过利用 VR 技术，能够为观众提供独一无二的观赛体验，从而将品牌与激动人心的赛事紧密结合起来，不仅增强了品牌的记忆度，还极大地增强了消费者的黏性。更进一步，VR 技术还能被运用于虚拟赛事的策划和举办，打造出全新的营销场景，为品牌开辟出新天地。AI 的加持则为体育营销带来了更为精准有效的数据分析工具。AI 技术能够深入分析消费者的行为模式、兴趣点和偏好，并据此为品牌提供个性化的解决方案。AI 还能对赛事进行深入的智能分析，提供数据驱动的决策支持，让品牌在激烈的市场竞争中脱颖而出，赢得消费者青睐。移动智能设备也是现代生活中的一个重要组成部分，给人们带来了极大的便利。在体育营销领域，通过移动智能设备，体育品牌得以随时随地与消费者建立联系，通过移动应用程序，品牌能够提供赛事直播、即时资讯、互动游戏等丰富多样的服务，吸引消费者的关注。这些创新手段不仅显著提高了品牌的知名度和美誉度，更为消费者提供了更加丰富多彩的体育体验。

（三）产业模式全方位、多维度创新

新一代信息技术的应用使得体育不再仅仅局限于运动场上，更成为一个全方位、多维度的综合产业模式。云端管理系统的兴起，提供了一种全新的管理和运营模式。这种模式通过云计算技术，实现了资源的高度共享和优化，自动化的流程设计则大幅提高了运营的效率和响应速度。新兴技术的共性不仅在内部管理上带来效率提升，更为体育与其他产业的深度融合打下了坚实的基础。同时，通过构建互联网服务平台，体育与娱乐、健康、文化等行业之间的信息流动和资源交换变得更加便捷。这不仅促进了体育产业的增值，也为其拓宽市场空间提供了新的可能性。在体育与娱乐

的融合方面，电子竞技和真人秀节目的成功案例已经证明了体育娱乐化的巨大潜力。通过精心策划的节目内容和视觉效果，体育产业能够创造出具有极高娱乐性和市场吸引力的产品，从而开拓出更为广阔的盈利空间；在体育与健康的融合方面，提供更科学、更个性化的在线健身指导和健康咨询，如运动损伤预防、饮食营养指导等，从而满足消费者对于健康生活的需求；在体育与文化的融合方面，体育赛事和文化活动的举办成为传播体育精神和文化价值观的重要途径。通过对历史悠久的体育故事、传奇人物的深入挖掘，并随着体育电影、体育文学等作品的出现，体育文化得以传承下去，并被赋予了新的时代意义和价值。体育新质生产力的发展得益于云端管理系统和互联网服务平台等新兴技术，帮助体育与娱乐、体育与健康、体育与文化等各个领域进行深度融合，提供多样化的产品和服务，带来了新的发展机遇和增长点。

（四）政策治理高效化、多元化创新

在数字化的浪潮中，体育新质生产力影响和塑造着体育领域的治理结构。这种新的生产力不仅在技术层面带来革新，更在思维方式和治理模式上引发了深刻的变革。一方面，大数据技术的运用为政策治理提供了一种前所未有且高效的数据处理能力。通过对大量数据的采集、存储、分析和整合，政府能够更加准确地洞悉体育事业发展脉搏，从而对市场动态、消费者需求以及潜在的风险进行精准把握。这种数据驱动的政策制定方法能够让政策制定者们基于事实和科学的依据作出决策，并对政策的实际效果进行实时监控和评估，以便及时地对政策进行调整和优化。另一方面，区块链技术则为政策治理带来了全新的治理模式，以其独特的去中心化、不可篡改和透明公开特性，为体育政策治理提供了一个更加公正、透明和高效的环境。通过区块链技术，政府可以建立起一套完善的信用体系，用以加强对体育产业的监督和约束，确保行业的健康发展。同时，群众和社会组织也可以通过区块链技术积极参与到政策的制定和执行中来，真正实现民主参与和协同治理的目标。在新兴技术的推动下，政策治理的创新步伐正在加速向前迈进。政府的角色从单一的政策制定者和决策者转变为引领者，与社会各方紧密合作，共同探索和实践更加先进、有效的治理模式，

各方共同参与、共同决定，形成了一个多元共治的体育事业发展新格局。

二、以数据为关键性要素的生产力

在新兴技术的引领下，生产要素的交流边界得以大幅拓展，资源要素的排列与重要性得以重置，数据要素应运而生并展现出强大的活力，它不仅在决策过程中发挥着核心驱动作用，还显著提升了资源配置效率，并有效降低了运营成本，成为推动新经济发展的重要动力。体育新质生产力，“新”在广泛应用数据要素。体育新质生产力以数据为关键性要素，通过数据融合、数据共享、数据赋能等多种形式在体育生产、分配和消费等各个环节都发挥着越来越重要的作用，推动体育产业结构转型升级。

（一）体育生产环节力求信息流通效率提升

体育生产环节涵盖了从选材、训练到比赛等多个层面，数据融合应用逐步渗透到这一过程的每一个细节之中，极大地促进了体育信息的交流与协调合作。以足球运动为例，数据融合应用的引入给足球训练带来了革命性的变化。在以往，球员的评估、选拔以及训练计划的制订往往依赖于教练的经验，以及对个别表现的观察和评估，这种做法难免带有一定的主观性和主观臆断。然而，在今天，通过先进的数据采集和分析技术，如视频回放系统、实时数据监测设备等，俱乐部能够系统地收集和分析球员的全面信息。这些数据可能包括但不限于身体素质、技术分析、历史比赛记录等多种维度。经过专业的数据分析处理，教练团队能够获得一份详尽且精确的球员评估报告，这使得他们能够更精确地了解球员的实力水平和潜力，进而在选拔和培养新人时拥有更有力的依据。与此同时，数据分析还有助于教练组发现球员的不足，从而制订更具针对性的训练计划，有效帮助球员提升技能与竞技水平。更为关键的是，数据融合在战术层面的作用日益凸显。教练组通过分析对手的技术统计数据和战术特点，能够更加精准地掌握对手实力分布以及战术倾向，从而制定出更具策略性的比赛策略。在现代足球激烈竞争的环境中，基于数据的战术决策已成为制胜的关键，它极大地提升了球队的整体竞争力。可以说，数据融合应用在体育生产环节中的广泛应用，不仅提高了信息流通和协作效率，而且为俱乐部管理层和教练团队打造了更加科学高效的训练及管理体系。通过这些技术，体育机构可以有效地预测未来趋势，优化资源配置，提升竞赛成绩，实现可持续发展。

（二）体育分配环节注重要素资源配置精准

通过数据共享机制，体育资源的分配实现了更为精准和高效的优化。此举不仅促进了体育产业创新要素的顺畅流动，还显著提升了资源配置的效率。这加速了体育产业在价值链中的升级过程，使其从中低端迈向中高端水平，同时打破了传统多要素主体间的低效平面连接模式，代之以更加高效的网络化协作。在体育产业的业务与运营流程中，通过收集大量数据，并借助云端智能化算法，对线下资源及场景进行模拟与预测。这些算法生成的控制指令能够反向指导线下资源的重新组合，进而实现资源与要素的智能化识别、协作化开发、集约化管理和高效化利用。例如，通过收集到的数据能够洞悉观众的具体需求和期待，从而为体育赛事的销售和策划提供坚实的数据支持。过去，体育赛事的票务销售和赛事策划往往依赖于主观性的判断和市场经验的积累，这使得预测结果常常不尽如人意。随着数据共享应用的普及，可以借助数据分析来更准确地评估比赛和选手的吸引力，进而制定出更为精准的票务策略和销售渠道。例如，票务销售平台可以分析用户在观看赛事直播时的行为数据，通过观看时长、互动频率、评论内容等多维度指标，来深入理解观众对于不同比赛和选手的喜好和关注度，精准地预测哪些比赛或选手会受到广泛欢迎，从而设计更加合理的票价策略和销售渠道，并针对备受观众青睐的热门比赛和明星选手，适度提高票价，并通过线上（包括社交媒体、官方网站等）和线下（如实体店、票务代理等）的多种渠道进行宣传，以此吸引更多的人购票观赛。而对于观众关注度较低的比赛，票务销售平台则可以考虑采用降价促销等方式，以提升销售效率和经济效益。同样地，赛事策划方也可以利用这些数据来优化赛事安排和节目设置。通过把握观众的兴趣点，赛事策划方可以更加精准地安排比赛日程、选择参赛选手以及制定比赛规则，确保赛事内容更加贴合观众的口味和期望。通过这种基于数据的赛事策划模式，不仅能够提高用户的满意度和忠诚度，还能够为赛事组织者带来更多的经济收益和品牌价值。

（三）体育消费环节满足人民群众需求偏好

“中国体育现代化要走智慧化发展道路，要围绕人民群众的需求”①。随着科技的迅猛发展，数据正逐渐成为一座连接着体育产品和服务与消费者之间的无形桥梁。在这个数字化时代，体育相关平台能够通过收集并分析用户的运动偏好、健身习惯等关键数据，来更深入地理解用户的个性化需求。这些数据不仅包括用户的运动类型偏好，还包括运动时间、频率以及健身目标等信息。基于对用户数据的全面分析，体育平台便能为用户提供精准的个性化推荐服务。例如，根据平台可以推荐适合的体育培训课程和健康咨询服务，对于希望提高跑步技巧的用户，推荐专业的跑步培训课程和教练；对于追求健康生活的用户，提供个性化的饮食和健身计划建议。这种以用户需求为中心的推荐服务不仅能满足用户的个性化需求，还能显著提升用户的参与度和黏性。通过为用户提供量身定制的体育产品和服务，不仅增强了用户对平台的依赖和信任，在平台上的消费和互动变得更加频繁和积极。总之，数据赋能应用在中国体育消费环节发挥着重要作用。通过收集和分析用户数据，体育平台可以为用户提供个性化的推荐服务，满足个性化需求，提升用户的参与度和黏性。这不仅有助于推动中国体育产业的智慧化发展，还有助于提升人民群众的体育消费体验和生活质量。

数据要素的流动和交换在体育事业发展中扮演着至关重要的角色，不仅是体育事业蓬勃发展的动力源泉，更是推动体育价值链各个关键环节优化不可或缺的一部分，深刻地体现了数据要素在体育新质生产力发展中的核心地位。数据要素的本位特征在体育产业的多个领域中都得到了充分体现，从运动员的训练到比赛策略的制定，再到观众观赛体验的提升，数据要素无处不在，为体育带来了前所未有的创新与变革，成为推动发展的新趋势。由此可见，数据要素已经成为体育新质生产力的本体。它通过对体

---

① 布特，万斌，邹新娴．基于中国式现代化的体育现代化哲学分析［J］．北京体育大学学报，2023，46（1）：56－66.

育价值链各个环节的有效开发和利用，推动了体育产业的创新和发展。没有数据要素的体育新质生产力就像无本之木、无源之水，无法持续发展和壮大。

三、以提质增效为基本要求的生产力

在传统体育产业的发展历程中，其核心关注点主要聚焦于体育竞赛表演和运动休闲等活动，以此实现体育价值的创造。而体育新质生产力则强调通过运用创新技术手段提升运动训练、竞技装备、场馆建设、产品营销、人才培训、赛事组织等多方面的效能，以此体现其新的发展优势。

（一）体育训练实战场景体验增强

随着科技的发展和进步，各类新兴技术不断出现在人们的视野中，体育训练领域也不例外。新兴技术渗透到体育训练中，传统的训练模式正在经历一场革新。传统的体育训练大多采用大强度、长时间的训练模式，不仅容易产生身体上的疲劳，而且容易降低运动员的运动表现和积极性。通过新兴技术为运动员提供实战的比赛场景，为运动员带来了前所未有的实战比赛场景体验，极大地提升了训练效率。例如，XR（扩展现实）技术的应用，为运动员打造了一个沉浸式、高度逼真的虚拟比赛环境。运动员可以戴上虚拟现实头盔，置身于一个完全模拟真实赛场的空间中，感受比赛的紧张氛围。通过这种方式，运动员可以在没有实际对手的情况下，进行高强度的模拟比赛训练，提升反应速度、战术理解和团队协作能力。除了XR技术，陪练机器人拥有高度智能的算法和精确的运动控制能力，可以模拟出各种人类对手的动作和战术。运动员在与陪练机器人进行对抗时，可以感受到与真实对手相似的压力和挑战。

（二）竞技装备整体性能显著优化

传统的体育竞技装备设计和制造往往依赖于人工经验和简单的机械加工工艺，主要依靠金属和塑料等传统材料来实现设计的基本需求，限制了装备的轻量化和功能化。现代体育比赛的激烈程度要求装备能够提供更高的性能，同时还需满足个性化需求的增长趋势，而这在传统的制造模式下是难以达到的。新质生产力为体育竞技装备的设计和制造带来了新的技术手段，使得体育竞技装备在提质增效方面取得了显著的进展。以3D打印技术为例，为运动员量身定制装备提供了可能。在过去，运动员在选择装备时，往往需要在市面上寻找最接近自己需求的款式。然而，每个人的体型、运动习惯和肌肉结构都是独一无二的，很难找到完全契合的装备。3D打印技术的出现改变了这一现状。通过高精度的扫描设备，可以快速且准确地获取运动员的身体数据，包括身体的各个维度、肌肉的分布以及关节的活动范围等。利用这些数据，再结合3D建模软件，可以进行更为精准的定制化设计。这样的设计不仅考虑了运动员的使用舒适度和运动表现，而且融入了大量最新的科技元素，例如透气材料、弹性纤维以及智能传感器等，从而大幅提升了装备的整体性能。此外，传统的生产方式由于其固有的缺点，需要耗费大量的时间和材料，并且无法精确控制产品的质量和精度。相比之下，3D打印技术则允许进行快速地修改和优化，使得装备具备更优秀的耐用性和抗冲击性。这样一来，体育竞技装备的材料和结构得到了创新，性能也得到了显著提升，为体育竞技装备制造带来了前所未有的发展机遇和市场空间。

（三）体育场馆智能建造水平提升

新兴技术与体育的加速融合应用，极大地提升了体育场馆的建设质效，推动了场馆向智能化、数字化的方向迈进。具体来说，在设计阶段，建筑信息模型（BIM）技术的应用无疑成为体育场馆建设的关键推动力，其能够在施工前通过三维模型来预览场馆的最终样貌，从建筑外观到内部布局，再到材料选择和管线布局，实现设计方案的最优化。这种前瞻性的设计方法，不仅保证了场馆的结构安全和功能性，而且大幅提升了后期运营时对人流、物流、能源的利用效率。在施工阶段，云计算技术的加持使得施工模拟和计算变得更加高效，凭借其强大而灵活的算力资源，为场馆建设者提供了一个强大的计算引擎，使得模拟复杂施工方案成为可能。借助云计算可以对施工过程进行精细化管理，实现对材料使用的最优调配和设备运行的精准控制，有效降低资源浪费，提高施工效率，保障工程的安全和质量。进入运营管理阶段，智慧运营系统的应用使得场馆的日常管理更加便捷、高效。实时监测功能能够实时收集并分析场馆内的各种数据，如温度、湿度、光照等环境参数，以及各种设备的运行状态。基于这些数据，系统会自动调节场馆内的环境条件，确保观众和运动员能够享受到一个舒适和安全的观赛环境。此外，系统还能够对场馆内的各类设备进行智能管理，及时发现并处理可能出现的故障，进一步减少运维成本。在安保管理方面，人工智能技术的运用使得场馆的安保工作更加严密、高效。通过人脸识别、行为分析等技术，系统能够实时识别出潜在的安全隐患，并采取相应的措施进行防范。这不仅提高了场馆的安全性，也为观众和运动员提供了更加安心的观赛和比赛体验。在服务管理方面，云平台为场馆提供了全方位的服务支持，观众可以随时随地获取场馆的实时信息、赛事安排、购票服务等，大大提高了服务的便捷性和效率。

（四）产业链条实现强链延链补链

在当今这个快速发展的时代，体育产业的每一次革新都是基于不断涌现的新技术、新产品和新服务的推动。这些创新不仅在传统产业链中注入了新鲜血液，更是以惊人的速度渗透并重塑着体育行业的方方面面。这股创新力量所带来的不仅仅是价值上的增长，更是对体育产业多维度融合发展的强有力推动。一方面，随着科技的不断进步，先进的运动装备和智能健身设备已经成为运动员提升竞技水平、改善运动表现的重要工具。与此同时，A/VR 技术的引入，更是将体育赛事带向了新的高度。这些技术不仅能够让观众身临其境地体验比赛现场，还能帮助运动员通过模拟训练来提高技能，减少受伤风险，甚至可以实时反馈训练效果给教练和比赛官员，从而实现更精准的训练计划和赛事管理。而对于广大体育爱好者来说，这些新技术同样带来了前所未有的参与体验。他们可以通过 VR 头盔观看到最真实的比赛直播，感受赛场的氛围，也可以使用 AR 眼镜观看自己喜爱的球星实时信息，或是与好友一起通过虚拟角色进行互动游戏。这不仅为他们提供了更加个性化、便捷的参与方式，同时也让体育成为了一种社交活动。此外，新技术的应用还促进了体育产业与文化、旅游、娱乐、教育等领域的交叉融合。例如，体育文化产品的开发、体育旅游线路的规划、体育教育课程的设置等，都为体育产业的发展开辟了新的空间。这些跨界合作不仅丰富了体育爱好者的消费选择，也让体育活动更加多元化，进一步提升了体育产业的综合影响力。

新兴产业的崛起也为体育产业的未来发展埋下了伏笔。电子竞技和智能健身等产业正在迅速发展，它们创造出了强交互、高沉浸感、多样化的消费场景，吸引了无数年轻消费者的目光。电竞比赛的直播、个性化的健身方案以及各类健康监测设备的应用，都极大地促进了消费者对体育运动的兴趣和参与度。同时，这些新兴产业的兴起也催生了相关产业的快速发展。从电竞设备的制造到智能健身软件的研发，一环扣一环的产业链条正在形成。电竞装备制造商为电子竞技赛事提供了定制化的硬件支持，智能健身软件则为用户提供了定制化的健康指导。这种紧密的产业联系，使体育品牌拥有了更广泛的影响力和市场竞争力。总之，随着产业链的持续延伸和创新，体育产业正迎来一个全新的发展阶段。新技术、新产品、新服务的不断涌现，不仅推动着体育产业内部结构的优化和升级，也促进着体育产业与其他领域的融合，拓展了体育产业的边界。

（五）体育人才培训互动实践深化

体育人才培训是一项系统性工程，对体育事业发展起着基础性和战略性作用。新质生产力的出现，不仅使体育人才的培训更加高效和科学，也为培养更多的优秀运动员和教练员奠定了坚实基础。首先，新质生产力为体育人才培训提供了更广阔的资源平台。在互联网日益普及的今天，信息的传播速度和范围都达到了空前的程度，无论是在线课程、视频教程还是案例分析，这些原本难以触及的资源现在可以轻松地被获取和利用。体育人才可以通过这些网络平台接触到来自世界各地的高质量培训材料，学习最新的比赛策略和战术思想，这无疑大大拓宽了他们的知识边界和专业技能。此外，虚拟现实技术的应用也让培训者能够身临其境地感受实际运动场景，更好地进行技能训练和战术演练。例如，作为现代体育科技的杰出代表，Balltime 技术为排球训练带来了革命性的变革。它通过高精度的运动捕捉和数据分析，为教练员们呈现了一个高度逼真的训练场景。在这个虚拟的环境中，教练员可以模拟各种比赛场景，包括不同的对手、风速、场地条件等，让运动员在训练中提前适应各种复杂情况。同时，Balltime 技术还提供了丰富的案例分析功能。教练员可以导入历史比赛录像，通过系统分析，提取出关键的比赛片段，如关键的得分回合、防守失误等，进行详细的战术分析和讲解，并且对运动员的技术动作进行精确分析。其次，新质生产力提升了体育人才培训的个性化水平。通过数据收集与分析，教练员可以根据学员的身体条件、学习能力和个人兴趣等因素，量身定制个性化的培训计划和内容。这种针对性的培训能够确保每位学员都能在自己最擅长的领域得到提升，从而实现个人价值的最大化。再其次，新质生产力加强了体育人才培训的互动性和实践性。网络社区和在线学习平台的出现，为学员之间提供了交流互动的桥梁。学员们可以通过网络论坛、微信群组等形式分享心得、讨论问题、解决疑惑，这种集体的智慧结晶往往比个人自学更为有效。实践环节同样不容忽视，通过实地考察、实验室实验等多种方式，学员可以将所学理论知识运用到实际操作中，提升自己的能力和技巧。最后，新质生产力促进了体育人才培训的国际化发展。世界各地的优秀体育教育资源可以通过互联网和移动平台进行全球共享。学员可以跨越时空限制，与外国教练员和运动员进行交流和互动，拓宽视野和开阔思路。同时，国际比赛和交流活动也为学员提供了更多展示自己才华的机会，加速了其国际化发展的步伐。

（六）体育赛事组织运行智能高效

数字技术赋能体育赛事组织和运行，为赛事的高效、精准管理提供了有力支撑。通过整合各类数据资源，数字技术能够在智能感知、自动决策、精准控制等方面发挥巨大作用。在赛事筹备阶段，数字技术可以辅助赛事组织者进行场地规划、人员调配、物资准备等工作，从而确保赛事的顺利进行。在比赛过程中，数字技术可以实时监控赛事进程，通过数据分析为裁判员提供精准的决策支持，提高比赛的公正性和准确性。

在 2022 卡塔尔世界杯上首次使用的 SAOT（半自动越位识别技术），为足球比赛的公平性带来了质的飞跃。作为现有 VAR（视频助理裁判，Video Assistant Referee）的延伸，其主要由特制摄像机、球内传感器和人工智能系统三部分组成，能够辅助裁判做越位判别，以防错判和漏判。通过架设在球场顶棚下方的12台特制摄像机，半自动越位识别技术能够对每一名场上球员身上29处与判定越位相关的身体点位进行追踪，以每秒50次的频率发送数据，从而实现对人和球的实时精准定位。同时，比赛官方用球的内部，还装有专门的传感器，可以以每秒发送500次原始数据的速度，让对应的接收设备检测到更准确的触球点。一旦检测到潜在的越位情况，就会自动向视频助理裁判发出警报，并自动把用于判断的位置数据点生成3D动画，清晰明了地向场内和电视机前的球迷解释裁判的判定过程。SAOT技术借助高清摄像技术、高速图像采集技术、图像分析技术等新兴技术，帮助裁判纠正一定范围内可能改变比赛走势且清晰、明显的错误，有效解决、处理了比赛中可能被遗漏的严重事件。同样，TeamLink多路无线通信技术的运用，为比赛中的实时数据传输和通信提供了强有力的保障。通过这一技术，教练员和运动员可以实时获取比赛数据、战术指导等信息，确保比赛中的信息传递畅通无阻。同时，TeamLink技术还支持多路通信，使得不同团队成员之间的信息交流更加便捷、高效。这为教练员在比赛中的战术调整、人员替换等决策提供了有力的支持，也为运动员提供了更加精准的指导和建议。SAOT、TeamLink等新兴技术的运用是体育比赛公平与效率的革命性升级，为我们揭示了现代科技在体育竞技中的巨大潜力，更为体育竞技的未来发展提供了新的思路和方向。

随着科技的迅猛发展，新兴技术的融入正逐步成为推动体育事业蓬勃发展、提升其质量和效益的关键因素。无论是在社会大众的健身休闲活动中，还是在高端体育装备制造业，抑或是数字化赛事的运营与推广，乃至智慧体育场馆的建设和管理中，新兴技术都使体育领域展现出突破性的进步，不仅丰富了体育竞赛的形式和内容，更为参与者提供了更加多元和个性化的服务体验，将体育运动推向一个前所未有的高度。

四、以多元融合为结构体系的生产力

在传统体育生产力体系中，参与生产的劳动者、劳动资料以及劳动对象无疑扮演着至关重要的角色，它们都是实体性要素，是构成体育生产活动的基础。在传统的体育生产过程中，这些要素通常以相对固定的比例进行简单的组合，以满足基本的生产需求。然而，这种组合形式往往缺乏对科技、数据、算力等新要素的深入整合与应用，这在一定程度上限制了体育生产力水平的提升。与之形成鲜明对比的是，体育新质生产力则展现出一种全新的发展态势，强调广泛应用数字要素。数据、算力等数字要素不仅成为连接体育生产各个环节的纽带，更是推动整个体育产业创新的核心力量。将数字要素作为体育新质生产力的核心内容，意味着需要充分发挥其非物质性、可计量性、可开发性和可传播性等优势，促进体育的人、事、物深度变革。首先，非物质性使得数字要素能够超越物理空间的限制，实现信息的快速流通与共享。在体育领域，能够更加便捷地获取、分析和利用各种数据资源，为运动员的训练、比赛以及赛事的策划、推广提供有力的支持。其次，数字要素可计量性能够更加精确地评估体育生产的效果和价值，更加清晰地了解运动员的训练状态、比赛表现以及赛事的受欢迎程度等信息，为决策提供更加科学的依据。再其次，数字要素可开发性能够根据需要对数据信息进行深入的挖掘和利用，并根据运动员的实际情况制订个性化的训练计划、为赛事策划提供更加精准的市场定位等。这些应用不仅能够提升体育生产的效率和质量，还能够为体育产业带来更多的商业价值。最后，数字要素可传播性能够更加广泛地推广和应用体育生产的成果。通过媒体和平台，将最新赛事资讯、媒体深度解读、传奇运动员故事、健康知识等丰富内容传递给更多的人，激发大众对体育的热爱和关注。因此，体育新质生产力将数字要素渗透到体育训练竞赛、健身休闲及体育产业的全系统中，产生全新的变化，体育生产要素的状态实现转变，展现出以多元要素融合为结构体系的重要特征。

（一）体现多元要素的深度融合创新

在现代体育领域，体育新质生产力的崛起主要依托于科技的飞速进步，实现了对生产力系统中各类要素的全方位渗透和融合。无论是传统的、实体性的要素，如场地设施、器材装备，还是更为无形的、灵活多变的、渗透性的要素，如健身爱好者的个人健康状况、运动员们独特的训练模式、教练员运用的战术策略，甚至是体育消费者的个人偏好，都被赋予了同质的数字属性。数字要素蕴含的海量资源和超级算力，通过渗透到体育训练、竞赛、健身休闲活动，乃至整个体育系统之中，其低边际成本、强渗透性和融合性等特点得以充分发挥，使得体育领域的实体和非实体要素能够实现更高效的匹配和更深层次的组合。在这样的背景下，要素之间的关系不再局限于单一的孤立状态，而是通过有效的信息交流和数字技术连接，形成了一个紧密相连的网络。它们根据各自的功能特性进行适配和组合，从而达到最佳的效果。这种体育领域多要素的融合渗透，使得各类生产要素在时间、空间、功能、数量、维度上实现了高效组合和联动创新，不仅摆脱了传统生产力要素组合中人为的主观性配置缺陷，而且遵循了科学的要素组合规律，产生了更大的组合效应，使得体育训练更加精准、竞赛更加公平、健身休闲更加个性化，同时也为体育事业的创新发展注入了新的活力。

（二）形成多元结构的智能复杂系统

体育新质生产力通过多要素的渗透融合，不仅提升了体育要素的性能和质量，而且通过科学组合这些要素，使得整个系统的功能水平得到了显著的提高。这种独特的要素结构模式，将体育新质生产力的功能水平推向了一个全新的高度。首先，形成了虚实融合、线上线下结合的生产方式。传统的体育领域与数字技术、互联网平台的结合，使得体育训练、竞赛、健身休闲等活动不再受限于物理空间，而是能够跨越时空的界限，实现多场景的实时互动。这种虚实结合的生产模式，极大地丰富了体育活动的形式。其次，打破了时间和空间的限制。传统的体育活动往往受到场地、时间等因素的制约，无论是在线教育、远程健身指导，还是实时赛事直播，都使得体育活动能够随时随地进行，满足了人们多样化的需求。最后，内部结构日益复杂且优质。随着与高端算法、高新机械制造、新能源、新医疗健康等各前沿学科门类科学知识要素的深度融合，体育产业的内部结构将变得更加丰富和多元。例如，智能健身器材的研发，不仅需要精密的机械制造工艺和机械运动控制技术，而且需要数学、软件、自动化等多学科技术的深度融合。智能运动康复设备的研发，不仅需要康复医学、运动学等多学科知识的交叉融合，而且需要生物工程、信息科技等前沿科技手段的支持。智能健身指导软件的研发，不仅需要互联网技术、云计算技术、智能制造技术等多学科知识的支持，而且需要健康管理、运动医学、心理咨询等多学科知识的交叉融合。这些优质要素的相互渗透和融合，将进一步提升体育新质生产力的整体性能和竞争力，形成“1 +1 >2”的新价值效应。通过多要素的渗透融合和科学组合，体育新质生产力将形成虚实融合、线上线下结合、无时间限度、无空间边界的多元结构，内部结构将日益呈现为多元优质要素相互渗透融合的复杂系统，并呈现出高速度、高精度、高智能的生产体系。

五、以绿色低碳为根本目标的生产力

“新质生产力本身就是绿色生产力。”① 在当代社会，体育已经超越了简单的娱乐和身体锻炼的范畴，与新型生产力之间建立了一种深层次的联系，这种联系不仅仅体现在物理层面上的竞技活动，还包括了“清洁生产”“新能源”“循环经济”“低碳生活”“生态环境保护”等一系列共同的发展内容和价值目标，共同构成了一个宏伟的蓝图，旨在实现人类社会的持续健康发展。随着全球对可持续发展日益重视，这些目标也被赋予了更多的意义和使命。对于体育领域而言，这些新目标为其指明了新的发展路径和动力。体育新质生产力凭借着创新精神和前瞻性思维，将“绿色化”作为其核心价值追求，标志着体育事业正在向更加环保、高效、循环的方向转变。这不仅要求体育事业的发展要以生态文明的理念为导向，而且要求与自然生态环境保持和谐共生，实现人与自然的和谐共处。在这一理念的引导下，体育领域正积极探索和应用新能源、循环利用技术、废物再生技术以及节能环保材料等新型生产资料。新型生产资料的引入和应用，在优化体育生产、加工、制造到运营的各个方面过程中，都发挥出了显著的作用。通过降低能源消耗和减少废弃物的排放，体育新质生产力不仅为体育产业的可持续发展提供了坚实的基础，同时也带来了经济和社会效益的双重效益。

① 新华社．习近平在中共中央政治局第十一次集体学习时强调：加快发展新质生产力 扎实推进高质量发展［EB/OL］．（2024 -02 -01）［2024 -03 -13］．https：//www. gov. cn/yaowen/liebiao/202402/content_ 6929446. htm.

一方面，体育新质生产力的发展降低了成本并提升了效率，从而使得体育产业获得了更高的经济效益。另一方面，这一趋势也促进了社会的可持续发展，促使人们更加注重生态环境的保护，并倡导绿色低碳的生活方式。这些改变不仅能够促进生态系统的优化，还为社会注入了源源不断的活力。在这样的背景下，体育新质生产力的推广和应用显得尤为重要，不仅关乎于个人和组织的可持续生活方式，更关乎于整个社会的长远发展。

（一）绿色低碳助推可持续发展

体育新质生产力在当今时代展现出鲜明的绿色低碳特征，这不仅是对环境保护承诺的直接体现，也标志着体育事业正积极顺应全球范围内对环保议题的高度关注，致力于朝着更加可持续性的方向迈进。体育事业通过采取一系列创新性的手段和方法，不仅有效减少了碳排放，提高了能源的利用率，还在不断地推动体育产品、服务乃至消费者习惯的绿色化转型。首先，对于体育新质生产力而言，减少碳排放无疑是实现绿色低碳性的关键策略之一。这意味着从各种体育活动的核心环节出发，如赛事组织、体育场馆建设、体育器材生产、运动员训练等，需要全面审视和评估这些活动中的碳排放。通过优化赛事组织流程、使用环保材料建造运动场馆、研发低碳环保的体育设备、提升运动员训练中的能源效率，显著降低体育活动产生的环境负担。其次，碳追踪技术的应用在体育领域中发挥着至关重要的作用。利用碳追踪技术，精确地记录和评估体育活动中产生的碳排放，并据此制定出更为科学的减排措施，实现精准的碳减排，增强公众对体育领域环保意识的理解和参与。通过监测体育活动对环境的具体影响，得以更有针对性地实施改善措施。此外，智能光伏技术也为体育领域的绿色低碳性提供了有力支持。通过安装太阳能光伏板，可以将太阳能转化为电能，为体育场馆、赛事组织等提供清洁能源。这不仅降低了对传统能源的依赖，还减少了温室气体排放，为体育领域实现绿色低碳提供了有力保障。智能光伏技术的应用，不仅提高了能源利用效率，还降低了运营成本，推动了体育产业的可持续发展。在推动体育产品、服务以及消费习惯的绿色化转型方面，体育产品制造商们开始重视环保材料的应用以及产品生命周期的可持续性，推出更多满足绿色低碳标准的产品，并且推广绿色出行、低碳旅游等新的服务模式，引导消费者形成绿色低碳的消费习惯。

（二）绿色循环实现质量双赢

体育新质生产力特别重视体育资源的回收和循环利用。随着科技的不断进步，各种创新的环保技术被引入体育领域。其中，水上场馆的水循环系统就是一个典型的例子。这一系统采用了先进的智能控制技术，确保水资源的最大化利用。每当比赛或训练活动落下帷幕时，场馆内的水资源并不会被浪费掉，而是通过智能系统自动进行水质检测和净化处理。经过精密过滤和消毒处理后的水质，能够再次被用于场馆内的清洁、冷却以及灌溉等多项用水需求。这一技术的应用，不仅显著降低了水资源的使用量，还有效避免了水资源的过度开采与浪费。与此同时，足球场地的智能养草技术也充分展现了体育新质生产力的绿色循环性。传统的足球场地维护工作通常需要大量的人力和水资源投入，而智能养草技术则通过引入先进的科技手段，实现了对草坪生长周期的精确控制。该技术能够智能感知草坪的生长状态，并根据需要自动调整施肥和灌溉的时机和量度。这样一来，不仅保证了草地的健康成长，提高了草坪的质量，还延长了其使用寿命。更为重要的是，智能养草技术大大减少了水资源的消耗，实现了资源的高效利用和循环利用。体育新质生产力提倡在满足体育竞技需求的同时，尽可能减少对环境的破坏和污染，实现体育资源的高效利用和循环利用，有效地减少了对自然资源的过度开采和使用，防止了资源浪费。

（三）绿色经营构建产业新格局

体育作为一种全民参与、健康向上的活动，不仅承载着人们对于健康生活的无限向往，更是在推动绿色发展理念上发挥着不可忽视的作用。随着时代的发展，体育新质生产力将逐渐成为衡量社会进步的一个新标准。这一新兴力量的核心，不在于单纯地提升体育运动的观赏价值和参与度，而更多的是关注于体育设施及其资源的高效管理和利用问题。首先，体育运动本身就是绿色的。与其他行业相比，体育产业的资源消耗无疑显得更为节制。无论是马拉松比赛，还是健身房锻炼，这些运动都无需耗费大量的能量和物质资源。举例来说，户外运动如跑步、骑行，只需要几双舒适的运动鞋和合适的服装，参与者便可以在清新的空气中体验运动的快感。而室内运动则更为简便，如羽毛球、乒乓球等球类运动，通常只需一个干净的场地和一些基本的器材即可开始健康的身体活动，展现了体育活动在环保方面的巨大潜力。其次，体育事业的蓬勃发展不仅激发了公众对健康生活的追求，也极大地促进了环保知识的普及以及环保意识的提升。随着人们对生态环境保护的认识日益深入，全民的生态环境保护观念和行动自觉性也在逐步加强。体育运动正是在这样的大背景下，成为一股推动环境保护行动的强大动力。例如，在城市角落里兴起的健身房和运动中心，都遵循着绿色环保的经营理念，通过在垃圾分类、废弃物处理以及节能减排等方面采取创新举措，有效降低了对环境的负面影响。最后，体育产业的发展为绿色经济的繁荣注入了新的活力，带来了新的机遇与挑战。随着人们对健康生活品质的追求不断提高，体育产业的市场需求持续攀升。为了适应绿色经济的发展趋势，一系列与体育相关的新兴产业应运而生，在产品设计和生产过程中大量采用环保材料，有效减少了能源消耗，体现了对绿色经济发展的积极响应。体育产业的兴盛不仅能够促进经济增长，还能提高人民生活水平，创造更多社会就业机会，从而实现经济和社会效益的双重丰收。

体育新质生产力“绿色”理念的植入，推动了体育事业新技术、新工艺、新材料和新能源的推广普及，也为体育产业的经济活动提供了坚实的保障。通过降低运营成本、提高资源利用效率、减少环境风险等方式，体育产业的经济活动更加稳健和可持续。更重要的是，“绿色”理念的植入，使体育事业展现出了鲜明的绿色发展底色，为体育事业的长期发展奠定了坚实的基础。在绿色化转型的过程中，体育新质生产力将持续引领绿色体育技术的创新与应用，不断探索更加环保的生产方式和经营模式，为生态环境的整体改善和人类的可持续发展贡献出一份力量，共同构建一个更加美好的可持续未来。

第三章 体育新质生产力与传统体育生产力区别论

体育新质生产力，作为新时代背景下的产物，不仅仅是传统生产力的简单延续，更是一种深度的优化与创新。它汲取了传统生产力的精髓，同时融入了新时代的元素，从而推动着整个生产力体系向着更高、更远、更广阔的方向发展。体育新质生产力是推动体育事业发展的重要力量，在要素变革、动力变革、质量变革和效率变革等方面都实现了对传统生产力的超越。在要素变革方面，体育新质生产力突破了传统生产力对于资源的单一依赖。它不仅仅关注物质资源的投入，更加注重人力资源、技术资源、信息资源等多方面的整合与利用。在动力变革方面，体育新质生产力强调创新驱动的重要性。它不再满足于传统的、重复性的生产方式，而是不断追求新的技术、新的方法、新的模式。这种创新驱动不仅体现在产品研发、技术创新上，更体现在管理体制、运行机制、商业模式等方面的创新。在质量变革方面，体育新质生产力更加注重产品和服务的质量。它追求的是高品质的体育产品和服务，以满足人们对于健康、娱乐、文化等多方面的需求。这种质量变革不仅体现在产品的性能、品质上，更体现在服务的专业性、人性化上。通过提升产品和服务的质量，体育新质生产力赢得了更多消费者的信任和喜爱。在效率变革方面，体育新质生产力通过优化生产流程、提高生产效率，实现了资源的最大化利用。它利用先进的生产技术和管理手段，减少资源的浪费和损耗，提高了整个生产过程的效率和效益。这种效率变革不仅降低了成本，提高了企业的盈利能力，更促进了整个体育产业的可持续发展。

一、体育新质生产力在要素变革上超越传统体育生产力

马克思指出："不论生产的社会的形式如何，劳动者和生产资料始终是生产的因素。但是，二者在彼此分离的情况下只在可能性上是生产因素。凡要进行生产，它们就必须结合起来。"① 在传统的体育生产力中，要素的种类和数量往往保持相对稳定，其构成主要围绕体育场馆、器械设备等有形因素展开，在一定程度上也限制了其发展的速度和深度，往往受到地域、资金、技术等因素的制约，导致资源要素的供给精准性不足，流动成本高昂。相比之下，体育新质生产力在要素变革上展现出了显著的优势。它不再局限于传统的有形要素，而是更加注重于创造与应用。通过引入先进的技术、创新的管理模式以及高素质的人才队伍，有效解决了传统生产力中资源要素供给精准性欠缺、流动成本高的问题。此外，体育新质生产力还推动了要素的创新升级和协同发展。通过技术创新和管理创新，可以开发出更加符合市场需求的新型体育产品和服务，提升体育产业的附加值和竞争力。同时，通过跨界融合和资源共享，可以实现不同产业之间的优势互补和协同发展，推动体育产业向更高层次、更宽领域发展。

（一）要素的优化配置得到优化

传统的体育生产力模式以实体物理设施为基础，而这种模式下的资源配置效率和水平通常不尽如人意，时常暴露出结构性失衡以及高水平要素的缺乏等问题。体育新质生产力的形成，使体育领域生产要素已经不再是简单的定义和范畴，而是被赋予了更加丰富的内涵。这些新兴要素所展现出的活力和渗透性，通过彼此之间的相互作用与支撑，共同构建了一种高效和优化的资源配置模式，为整个产业的创新和升级提供了强劲的动力。体育新质生产力的核心在于运用先进的技术和管理模式，来实现资源要素在空间和时间上的优化配置，不仅提高了资源利用的效率，还催生了全新的商业模式和用户体验。具体来说，在传统的体育场馆建设过程中，体育

① 马克思．资本论：第二卷［M］．北京：人民出版社，2004：44.

设施的选址、设计和布局常常受制于地理位置、资金限制和市场需求的多方面因素，很难做到既满足规模又保证质量的要求。但在新质生产力中，引入云计算、物联网、大数据等技术对场馆进行动态管理，物联网技术监测设施的使用情况，大数据分析预测潜在的市场需求，从而使得场地设施建设能够更加灵活地适应市场需求，并且设备与场地资源的利用率显著提高。在竞技体育领域，虚拟现实技术和人工智能技术的普及，可以极大地提升赛事的组织能力和办赛周期，解决以往由于组织不善或时间紧迫导致的种种问题。此外，区块链技术为体育产业引入了更为安全、透明的数字资产管理和交易手段。通过区块链，体育赛事的票务、赞助、版权等数字资产可以得到有效的保护，同时也向投资者和参与者们提供了一个更加便捷和高效交易渠道。5G 网络技术的广泛普及和应用，进一步推动了线上线下体育场馆的互联互通。无论是虚拟互动还是实时互动，5G 技术都为之提供了稳定且高效的网络支持，帮助体育产业能够更加贴合消费者的多元化需求，同时促进了体育产业的持续发展和行业标准的提升。

（二）要素的创新升级得到实现

体育新质生产力超越了传统的生产要素，转向数据、尖端计算能力、先进算法和通信技术等新技术。这种转变不仅反映了科技进步对体育生产力的深远影响，而且推动了新材料、新工艺、新装备、新形式以及新载体的涌现，为体育领域的创新和发展注入了新的活力。纳米技术、高分子材料以及智能材料等新兴技术的突破为制造高性能体育器材开辟了全新的可能性。这些新材料使得体育器材不仅轻便、耐用，而且拥有更佳的防护性能，从而极大降低了运动员在激烈运动中的风险，确保体育活动能在安全的环境中进行。同时，新工艺的崛起，如 3D 打印、虚拟现实和增强现实技术，正在重塑生产流程，使之能够实现快速、精确和可定制的生产，显著提升了生产效率和产品质量。智能化、数字化和物联网技术的发展也为新装备的创新提供了无限可能。例如，智能手环、智能眼镜和智能运动鞋等智能设备已经进入市场，可以追踪运动数据，提供个性化建议，并与其他平台（如社交媒体和电子游戏）相整合，为用户提供丰富的体育娱乐体验，进一步激发了人们参与体育活动的热情。此外，电子竞技和虚拟现实运动等新兴体育形式不仅迎合了不同群体多样化的需求，而且为体育产业带来了前所未有的商机和市场潜力。这些新形式通过吸引全球观众，拓宽了体育消费市场，并创造了新的商业模式。与此同时，新平台、新媒体和新渠道等新载体也应运而生，借助互联网、移动应用等前沿科技，使体育产业与数字化时代实现了无缝对接。这不仅为体育产品和服务的推广提供了新的渠道，而且还为品牌与消费者之间建立了更为直接和互动的联系，开启了体育要素数字化转型的新篇章。

（三）要素的协同发展得到提升

体育新质生产力能够借助现代化技术手段来加强多生产要素的协同合作，以实现体育产业链上游环节的技术、设备、人才等要素与体育产业链下游环节的市场、品牌、产品等要素之间的相互融合与协同发展。跨界合作、联盟组建以及共享平台等形式如雨后春笋般不断涌现，这些新兴的合作模式不仅为产业链带来了前所未有的活力，也有效地整合了各方资源，推动了整个产业链的向前发展。跨界合作模式尤其引人注目，它打破了不同行业间的界限，使得不同领域的企业、机构乃至个人能够紧密地结合在一起。这样的合作方式通过共享资源和互补优势，产生了强大的协同效应，并推动产业链向更高层次发展。联盟组建作为另一种更为紧密的合作形式，其优势在于通过建立长期的合作关系，构建起产业链上下游企业间的紧密联系。联盟成员通过共同研发、共享市场资源、互通有无，实现资源的优化配置，进而提升整体竞争力。通过这样的合作模式，企业不仅能够共享技术和经验，还能共同应对市场挑战，增强自身在激烈竞争中的生存能力。共享平台则提供了一种开放式的合作模式，为产业链中的各方提供了一个交流合作的桥梁。通过提供共享的资源和服务，共享平台降低了合作成本，提高了合作效率，同时也促进了知识的传播和经验的积累。这种开放式的合作模式正在逐步取代传统的产业链垂直整合模式，后者往往过于封闭、缺乏灵活性，难以适应快速变化的市场环境。新兴的横向合作和开放创新模式更加注重合作与共赢，通过整合各方资源，促进知识共享和技术创新，加速了产业链上下游主体间的合作与共赢。以体育旅游服务为例，体育新质生产力推动了智慧体育公园的建设。这些公园不仅提供了丰富的运动设施和项目，还融入了先进的科技元素，如智能导览系统、AR 互动体验等，为游客带来了全新的运动体验。同时，多媒体技术传播和 AR 景区运动娱乐体验等新型旅游项目的开发，也极大地提升了游客的参与度和体验感。这些项目通过精准推送符合大众兴趣爱好的内容和产品，吸引了更多的游客前来参与，进一步推动了体育旅游的发展。此外，体育新质生产力还不断开发新型旅游项目和线路，以满足不同游客的需求。例如，结合当地的文化特色和风土人情，设计具有独特魅力的体育旅游线路；或者针对特定群体（如青少年、家庭等），推出定制化的体育旅游产品。这些新型旅游项目和线路的开发，不仅丰富了体育旅游的内容，也提高了游客的满意度和忠诚度。

二、体育新质生产力在动力变革上超越传统体育生产力

与传统生产力主要依靠资源投入的动力来源不同，体育新质生产力则更加注重科技创新作为主要动力，通过引入新技术、新材料、新工艺等，推动体育科技研发和成果转化能力的提升，为体育事业的发展注入了新的活力，实现高水平的体育科技自立自强。在体育科技研发方面，通过加大对体育科技研发的投入，吸引和培养一批高水平的体育科技人才，推动体育科技领域的前沿探索和突破。这些科技成果不仅能够提升体育运动的竞技水平，还能够为大众健身、康复等领域提供有力支持。在促进科技成果转化方面，体育新质生产力注重将科技成果转化为实际应用，通过“产学研用”一体化模式，推动科技成果在体育领域的广泛应用。这不仅能够提高体育产业的科技含量和附加值，还能够满足人民群众对高品质体育服务的需求。在加强国际合作与交流方面，体育新质生产力强调与国际先进水平的接轨和融合，通过引进国外先进的科技理念和技术成果，加强与国际体育科技界的交流与合作。这不仅能够拓宽我国体育科技领域的发展视野，还能够提升我国体育产业的国际竞争力。

（一）体育发展动力向更加数字化、智能化方向发展

“从 2012—2021 年，中国数字经济规模从 11 万亿元人民币增长到超 45 万亿元，数字经济占国内生产总值比重由 21.6% 提升至 39.8%，我国数字

经济总量已跃居世界第二”①。新兴技术的广泛应用，促使体育产业能够更好地进行数据分析和管理，挖掘潜在的市场需求，将传统体育的“单向传输”模式转变为“双向互动”模式。数字经济作为一种以创新为主导力量的新兴经济模式，是推动体育事业高质量发展的内在要求。其通过技术经济范式的革新，借助数据这一新兴驱动力，深度融入体育领域，推动实现数字化转型。首先，新科技与体育的结合为传统行业注入了全新的生产效率。这些技术不仅简化了体育活动中的信息交流，更是将服务从一个单纯的信息传递模式转变为了具有交易价值和复制潜力的产品形式。这一转变为我国体育生产力的飞跃提供了坚实的支撑。以网络健身平台为例，通过互联网的便捷性和普及性，彻底颠覆了传统健身行业的运作方式。这种平台往往以极小的规模运营，却能为广大用户提供全面的服务内容，包括在线课程、健身指导、实时反馈等。这种高效便捷的服务方式，不仅节约了用户的时间成本，而且极大地提升了健身的整体体验。用户可以随时随地进行锻炼，而不必受限于地理位置或者繁琐的预约流程。其次，新科技的创新，使运动商品的销售领域不断扩展，销售渠道也随之拓宽。在电子商务蓬勃发展的今天，手机支付方式已经成为人们日常生活中不可或缺的一部分，它的普及标志着体育行业盈利模式的多元化转型。从传统的直销模式，到现在的多渠道营销策略，企业正通过建立“多边平台”来连接和整合分散的顾客群体。这种业务模型使得企业能够将不同背景、兴趣各异的消费者聚集起来，利用他们之间的互动和共享来创造更大的价值。目前，体育平台企业充分利用用户创造的巨大“流量”优势，这不仅意味着巨大的潜在客户群，还包括对体育信息、赛事直播以及健身指导等服务的需求激增。最后，技术变革还提升了体育产业的治理效能。在我国，体育市场竞争日益激烈，行业内部的复杂性和多样性也随之增加。这不仅对体育行政管理机构的服务质量和监管效能提出了新的挑战，也催生了对现代管理手段的迫切需求，传统的体育监管模式已经无法适应当前的发展趋势。因此，引入“数字监管”模式成了体育行政部门转型升级的必然选择。这种

---

① 任保平．从中国经济增长奇迹到经济高质量发展［J］．政治经济学评论，2022，13（6）：3－34．

模式下，通过建立起高效的信息交流与共享机制，使得体育行业与其他行业的信息壁垒得以打破，形成了一个互联互通、信息共享的网络环境。在这个网络中，数据流畅通无阻，从赛事组织到运动员训练，从体育设施建设到市场营销策略，每一环节都能得到及时而准确的数据支持和分析。由于数字化平台的广泛应用，体育行政管理部门能够实现精细化管理，同时大幅降低管理成本。借助于先进的数字技术，体育监管者可以轻松追踪各项活动的细节，无论是场馆运营、赛事安排还是运动员健康状况，都能实时监控，并作出迅速响应。此外，大数据分析和人工智能的运用更是为决策提供了科学依据，确保了体育事业的高质量发展。

（二）体育发展动力向更加融合化、交叉化方向发展

传统的体育产业链与价值链生产模式已经无法满足市场对高质量体育服务和产品日益增长的需求。这种模式往往依赖于生产要素的优势来嵌入产业链中，而随着市场竞争的加剧，这一模式已经显得力不从心。因此，体育企业必须通过新兴技术的介入，不断推动业态融合，创新体育消费场景和商业模式，以建立起新的竞争优势。新兴技术的涌现彻底改变了体育产业链的分工与增值方式，使得体育不同领域和环节之间的界限变得模糊。随着融合程度的加强，新的发展模式得以形成并迅速发展。在这一进程中，一方面，体育新质生产力的崛起推动了虚拟体育空间与现实体育空间的融合，形成了全新的体育模式。例如，借助于 App、大数据和 AI 技术的运动健身平台如 Keep、悦跑圈等，它们依托这些技术提供了多样化的健身体验。Keep 平台不仅销售自有品牌产品，还通过会员订阅提供线上付费内容，最终成功登陆港交所，成为港股市场上“运动科技第一股”。另一方面，悦跑圈平台则引领了一股“跑步社交”的新风潮。跑步爱好者们纷纷加入悦跑圈平台组织的“跑团”，创建了一个新型的跑者专属社交圈，在这里分享跑步心得、交流话题。悦跑圈还成为中国线上马拉松的先驱，用户可以在全球任何地方线上报名参与线上马拉松，完成赛事后获得“线上马”奖牌，这样的设置解决了线下马拉松面临的时间、空间和人数限制，降低了跑者的参与门槛。与此同时，“依托现代科技兴起的电子竞技运动成为全球最具

发展潜力的体育项目并拥有庞大的市场体量”①。电子竞技在继承线上电子游戏竞技的同时，融合了场地视觉识别、穿戴式 VR 交互竞赛设备以及大空间 VR 定位等先进技术和创新理念，引入了第一视角虚拟现实竞技和实体机器人等元素，极大地吸引了公众的广泛关注和参与。电子竞技的商业价值也随之水涨船高，各种赛事赞助、游戏直播平台和电竞俱乐部成了投资的焦点。在杭州亚运会上，机器人竞赛 ESF-机甲大师和 AESF-VR 虚拟科技体育比赛的举办，更是进一步推动了竞赛类型的多样化。这些比赛不仅提升了体育项目的观赏性、体验性、互动性和吸引力，而且通过科技的加持，为观众带来了前所未有的观赛体验。

（三）体育发展动力向更加综合性、前沿性方向发展

体育科技的飞跃性突破，无疑为培养适应时代需求的新型人才开辟了一片更为广阔的天地。体育高科技设备的运用已经渗透到训练、比赛以及管理的方方面面，要实现这些高科技设备的最大价值，需要一批专门从事相关技术开发和运用的人才。所培养出的全面发展、专业能力突出的新型体育科技创新人才，将成为推动体育科技创新和发展的重要力量，为体育发展注入源源不断的动力。他们以独特的视角和创新的思维，不仅能够运用先进的科技手段提升运动员的训练效果，还能够推动体育产业的创新升级，推动体育科技的发展实现新的突破和变革，为体育事业的发展注入新的活力。首先，新型体育科技创新人才的涌现将加快体育科技的升级发展。传统的体育科技依赖于人工操作和经验积累，而体育新质生产力更加注重体育领域先进技术的运用，培养和产生具备跨学科背景和技术储备的新型体育科技创新人才，利用现有的科技手段，研发出更加高效、精密的体育科技产品，为体育发展带来更多的自主创新和颠覆式创新。其次，新型体育科技创新人才的培养将有助于推动体育产业链条的延伸。在新兴技术的带动下，体育产业发展模式已经转变为以自动化、机器人技术、虚拟现实

① 邹新娴，杨松，白宇飞．数字经济赋能我国体育消费升级的作用机理与实现路径［J］．沈阳体育学院学报，2022，41（6）：7－13．

等前沿技术为核心的多元化体育产业系统。拥有专业技术知识和综合素质的新型体育科技创新人才将成为这一多元化体育产业系统中科技创新的核心推动力。推动产业链条向高端升级，提升整个产业的竞争力和创新能力。最后，新型体育科技创新人才的产生将有助于打造更加开放、包容的科技创新生态系统，营造浓厚的体育科技创新氛围。具备全球视野、跨领域思维和合作精神的新型体育科技创新人才将以更加开放、包容的心态推动体育与不同领域间的交流与合作，激发体育领域的创新潜能，促进体育科技创新的蓬勃发展。

三、体育新质生产力在质量变革上超越传统体育生产力

传统生产力追求的是规模效应和成本效益，而新质生产力的涌现标志着生产力质的飞跃，不仅具备强大的创新动力，还能够带来显著的增量效益，为生产力的持续进步提供源源不断的动力支持。体育新质生产力更加注重实现产品服务、运营管理和人力资源等方面的创新与优化。这种转变标志着体育行业从单纯的规模扩张向精细化、高品质化、用户中心化转变。在产品服务方面，体育新质生产力强调创新和优化。这意味着不仅要在产品设计上追求独特性和新颖性，还要在服务质量上不断提升，以满足消费者日益增长的个性化需求。通过引入先进的技术和理念，打造出更具竞争力的产品和服务，从而赢得消费者的青睐。在运营管理方面，通过引入先进的管理理念和模式，企业能够更好地整合资源，提高运营效率。同时，通过精细化管理，企业能够实现对每一个环节的精准把控，确保产品和服务的质量。在人力资源方面，需要吸引和培养具有创新精神和专业能力的人才，以支撑创新发展。通过搭建良好的人才培养和激励机制，充分激发人才的创新潜能，推动科技创新的持续进步。

（一）产品服务质量发生根本性改变

体育新质生产力的崛起，源于对前沿科技的积极引入，这一变革不仅优化了传统体育生产与服务的功能与性能，还促进了传统体育与新兴技术、

模式及场景的深度结合，开拓了丰富的消费新领域。从经济学的角度来看，人均收入水平的提高促使消费者的需求结构发生了显著变化。在这一趋势下，体育产品也经历了从参与型消费向享受型、发展型消费的转变。消费者对体育产品功能的期望已经不再局限于基础的运动参与，而是追求更高层次的享受和成长体验。这种转变对产品的功能形态提出了新的挑战，要求提供更加多元化的功能组合，以满足不同消费者的个性化需求。新兴科技的迅猛发展为体育产品的创新提供了强大动力。这些技术不仅确保了体育产品的基础功能得以保留，还引入了更多的增值功能，比如科学的健身建议、锻炼方案的优化等，为消费者带来了前所未有的选择多样性。数字化转型的深入推动了智能化服务的发展，使得消费者开始寻求更为智能化的体育产品使用体验。数字技术的应用不仅加强了体育消费中多元主体之间的协同合作，而且促进了创新模式的集中与推广。它还重塑了体育消费群体之间的关系，并极大提升了体育消费系统的创新能力。新兴技术在推动体育消费内容创新方面发挥着重要作用，改善了体育产品服务的质量和功能，例如，在前沿技术的支持下，消费者能够超越地理空间的限制，通过智能设备随时随地参与到登山、滑雪、户外骑行等各种运动项目中，体验沉浸式的运动乐趣，极大地激发了消费者对于体育消费的热情和意愿。另一方面，数字技术同样在重塑体育消费多元主体的协同关系上扮演了关键角色，凸显了消费者在体育产品和服务价值链中的核心地位。数字经济时代的到来使得体育消费群体从单一的个体逐渐向网络社群化方向转变，来自不同地区、不同运动偏好的消费者聚集在一起形成了全新的体育社群。线上运动社群的社交化、互动化和分享化特点，最大限度地满足了消费者的体育社交需求，加强并巩固了体育消费者与体育企业之间的品牌关联，进一步提升了体育消费主体的活力与韧性。

（二）运营管理质量产生高效率运转

运营管理质量对于体育组织的运转效率至关重要，它直接决定了体育资源利用的有效性、决策的准确性以及工作执行的流畅性。传统体育组织往往存在着运营管理僵化的问题，这种僵化主要源于对传统经验和固定模式的过度依赖，以及对新思想和新方法的吸收不及时，不仅限制了体育组织的创新能力，还可能导致资源配置不合理、决策效率低下等问题。为了解决这些问题，体育组织需要打破传统思维的束缚，积极引入现代管理理念和方法。体育新质生产力有效提升运营管理质量，现代管理理念和方法注重数据驱动、流程优化、团队协作和持续创新，使体育组织在激烈的市场竞争中，能够更敏锐地捕捉市场变化，更准确地预测市场需求，更有效地调配资源，以实现从粗放式管理向精细化管理的跨越。粗放式管理过分强调短期结果，忽略了过程中可能存在的问题，导致了资源浪费和低效率。而精细化管理则注重对每一个环节的深入理解和精细管理，追求的是一种精准、细致和高效的管理模式。通过强化对关键环节的监控评估，优化工作流程，以及加强团队之间的沟通协作，体育组织可以及时发现并解决问题，使得资源分配和任务执行力都能达到一个新的高度。除了从粗放式管理向精细化管理的转变外，体育组织还实现从经验管理到科学管理的转变。虽然经验管理在实践中具有可行性和实用性，但它缺乏整体性和科学性。相比之下，科学管理则运用系统性的思考方式和技术手段来指导决策和管理。通过学习和应用现代管理理念，引入数据分析工具，体育组织能够收集、整理、分析海量数据，准确把握市场需求、球员状态和比赛表现等关键信息，进而为决策提供更为科学的依据。例如，大型体育赛事的成功举办，离不开一个高效运作的组织管理信息系统。该系统基于组织管理的核心职能，通过整合预算与财政、风险、后勤、信息、市场营销和竞赛管理等模块，充分应用系统科学、管理科学、数学建模、人工智能及信息技术，对体育赛事的内外管理和服务流程进行精简、优化与重组。具体而言，预算与财政管理模块专注于财务风险的防控、物流协调与物资采购；风险管理模块则负责赛事期间的安全保障和公共秩序维护；后勤管理模块涵盖设备供应、安全保障、食宿、医疗、观众服务、仓储、交通及垃圾处理等多个方面；信息管理模块致力于赛事相关信息、知识、实物、档案的收集与管理，以及赛事咨询和媒体报道的协调；市场营销管理模块专注于赛事的赞助、广告、门票销售、媒体转播及市场策划等工作；而竞赛管理模块则聚焦于赛事报名、费用管理、编排、秩序册、赛程、裁判、计分及成绩的管理，以降低成本、提升运营准确性和效率，确保体育赛事的“公平、公正、公开”原则得以贯彻。

（三）人力资源配置得到最有效利用

体育新质生产力所牵涉的科学技术内容极为丰富，涵盖运动训练、运动装备设计制造、运动场馆建设、体育产业经营管理等诸多领域。这些领域不仅要求参与者具备扎实的专业知识和技能，还需要拥有创新思维和创新实践能力。尤其是在人工智能、信息技术、新能源、新材料等前沿技术领域，全球体育发展和竞争正愈演愈烈，我国在前瞻性技术的应用和自主创新能力方面，与世界先进水平仍有不小差距。因此，培养适应新时代要求、具备高专业水平和创新能力的新型体育科技创新人才，成为推动我国体育科技进步和发展的重要力量。在这样的大背景下，如何有效地培育、储备、使用和发展新型体育人才，便成了提升体育新质生产力的关键环节。为了实现这一目标，将人工智能、人力资源分析、元宇宙等现代科学技术和管理理念融入体育人才管理体系中显得尤为重要。通过运用这些技术和管理理念，运用虚拟招聘会、虚拟协作空间、机器培训等多种方式，使招聘选拔、人才培训、人才任用、激励机制、业绩评估、休闲娱乐等方面的工作变得更加个性化和精准化，体育人力资源的配置将更加精确高效，实现资源利用的最大化。在招聘选拔环节，传统的招聘方式通常依赖于简历筛选和面试来进行选拔。然而这种方式往往带有一定的主观性，且效率低下。而虚拟招聘会则打破了地域限制，吸引全球范围内的优秀体育人才。通过人工智能技术的辅助分析，可以更加深入地了解候选人的技能、经验和性格特点，并结合人力资源分析的数据模型，精准地评估候选人与职位的匹配度，确保选拔到最适合的人选。在人才培训方面，传统的培训方式很难做到个性化、精准化，因为它无法根据每个人的学习进度和能力水平提供相应的学习内容和反馈。而机器培训系统可以做到这一点，可以根据不同人才的具体情况提供个性化的学习资源，并且根据学习效果及时提供反馈，从而使得培训过程更加精准和高效。在人才选拔方面，通过深入了解人才的需求和期望，量身定做最合适的岗位和职责。人工智能技术的应用可以对工作表现进行实时监控，及时发现潜在问题并给出反馈。这种实时监控和评估机制不仅提高了工作透明度，还有助于优化人力配置的质量。在业绩评估和休闲娱乐方面，大数据分析和人工智能算法的应用能够更加准确地评估人才的工作绩效和贡献度，为员工提供公正合理的待遇和福利。此外，元宇宙技术的应用能够为人才提供更加丰富的娱乐和休闲选择，在紧张的工作之余获得放松，减轻工作压力，从而提高工作效率和生活品质。

四、体育新质生产力在效率变革上超越传统体育生产力

在传统体育生产力中，劳动密集型特征一度是其主要的发展模式。然而，这种模式在带来一定经济效益的同时，也面临着资源浪费和生产效率低下的问题。马克思认为："增加劳动的生产力的首要办法是更细地分工，更全面地应用和经常地改进机器。"① 新质生产力通过引入先进的生产技术和设备，使整个体育产业链条的生产效率最大化，体育资源配置更加高效和合理。

（一）体育生产效率得到极大提升

体育新质生产力对体育产品的竞争力和生产效率的提升效果是显著的。在产品研发的初期阶段，大数据平台能够高效地整合市场信息和资源，包括消费者的购买习惯、反馈以及市场趋势和竞争对手的动态。基于这些宝贵的信息，研发团队可以在短时间内精准地洞察市场需求，从而研发出更符合消费者口味和期望的体育产品。进入制造环节，企业可以优化生产流程，提高生产线的自动化和智能化水平。这不仅减少了人为操作的误差，还提高了企业间的沟通与协调效率，使得分工合作更加紧密、高效。同时，智能处理与制造技术的应用，使得产品制造过程更加精准、快速，减少了非必要的材料和时间浪费，从而降低了成本，提升了整体产业效率。在流通环节，为消费者提供了更加便捷、高效的购物体验。通过搭建数字化的

---

① 马克思，恩格斯．马克思恩格斯选集（第1卷）[M]．北京：人民出版社，2012：352.

供应链平台，企业可以实现产品从生产到销售的全程跟踪和管理，确保产品质量和交货期的稳定。同时，消费者也可以通过在线平台直接与企业进行对接，实现个性化的定制和购买，缩短了产品与消费者之间的距离。在交易环节，企业可以精准地把握消费趋势，制定出更加合理的营销策略和定价策略。同时，还可以对企业销售数据进行实时监控和分析，帮助企业及时调整销售策略，确保市场占有率和盈利能力的稳定。此外，通过在线交易平台的建立，企业还可以实现与消费者的直接沟通和互动，提高消费者满意度和忠诚度。例如，引入人工智能技术后，可以利用智能视觉系统对体育产品进行自动检测和评估，智能视觉系统通过集成先进的图像识别、模式识别等技术，能够高效、准确地识别体育产品上的缺陷和问题。同时，智能视觉系统通过自我学习和自我优化的能力，不断优化算法和模型，提高检测的准确性和效率，大幅缩短了体育产品的生产周期，在短时间内完成大量产品的检测工作。

（二）体育运营资源得到高效利用

在对传统生产力的深刻反思中，资源的浪费与闲置不是个别现象的存在，而是普遍且广泛存在于各个生产环节中。这些问题的根源在于，在传统生产模式下，信息的流通受到了地理界限、时间限制以及技术壁垒的制约，资源的分散导致了利用效率低下，大量资源无法得到有效配置和利用，这直接影响了生产者对于市场动态和资源状况的全面掌握。例如，在体育用品制造业中，制造商常常因为缺乏对市场需求的准确判断而难以及时调整产品策略，这种信息不对称导致了设计上的盲目跟风和生产上的资源过剩。新质生产力以其独特的优势，引领并带动了体育领域的全面变革，这种变革，不仅仅局限于生产过程本身，更在于它如何改变生产主体、生产工具、生产对象乃至生产方式本身，极大地推动了劳动力、资本、土地、知识、技术、管理、数据等生产要素的便捷化流动、网络化共享、系统化整合、协作化开发和高效化利用。以云计算技术为例，使体育企业将计算资源分散在多个节点，提高了计算能力和数据的处理速度，为企业提供了强大的数据存储和管理能力。在这一过程中，数据要素的作用尤为突出。

新质生产力以数据为核心，通过大数据、云计算、人工智能等先进技术，对资源的需求和供给进行更加精确的评估。这种评估方式能够实时、动态地反映市场变化，帮助生产者做出更加科学的决策。同时，数据要素的流动和共享也打破了地域、行业和部门的限制，使得资源能够在更广泛的范围内实现高效流通和共享。在体育领域中，新质生产力推动了体育产业的数字化转型。数字化使得体育企业能够更快地捕捉市场变化，及时调整经营策略。通过数字化平台，企业可以实现客户关系管理、订单处理、供应链管理、营销推广等业务流程的数字化，极大地提高了运营效率。同时，数据的流动和共享也促进了体育产业与其他产业的深度融合，推动了新业态、新模式的不断涌现。通过数据要素的重新配置和整合，能够更加精确地评估资源的需求和供给，还能实现体育资源跨行业、跨地域和跨区域的高效流通与共享。

（三）体育管理效率得到超越发展

新型数字要素加入体育产业势必推动体育产业管理模式的创新，这种创新趋势使得体育企业逐渐摒弃了传统的层级管理模式，转而向扁平化、模块化的管理方向发展。扁平化的管理模式意味着企业内部的层级减少，决策过程更加迅速和灵活。这样的管理体制强调自下而上的信息流动，迅速捕捉到市场脉动，从而做出即时调整。对于体育企业而言，这意味着能够更快速地适应市场需求，快速响应市场的变化，更好地满足消费者的需求。模块化的组织架构则为体育主体内部各层级、各部门提供了一定程度上的独立性。每个模块可以根据自身的业务特点和需求独立运作，但同时通过信息共享和协同合作来实现整体效益的最大化，避免了因过于复杂的层级结构导致的效率损失。信息的共享性和公开性，极大地加强了体育主体内部各层级、各部门之间的协同联系。过去，由于信息流通不畅，各部门之间往往存在信息孤岛现象，导致资源浪费和效率低下。而现在，通过数据平台的建设和应用，各部门能够实现实时数据共享，共同探讨政策的执行情况、市场动态以及消费者需求等关键信息，使得管理者能够制定出更为精准有效的管理策略。通过整合市场数据、财务数据以及员工数据等多种数据类型，体育企业能够深入了解市场的动向和竞争态势，掌握自身的经营状态和风险敞口，明确自身的市场定位。同时，通过对企业品牌知名度、技术创新能力、人才储备以及市场渠道等方面的核心竞争力进行分析，体育企业可以在制定商业模式时发挥其优势，弥补劣势，不仅有助于提升产品和服务的创新，还能加强营销创新，进而提升用户体验。在这个过程中，体育产业正逐步构建起一个以数据驱动、智能协作和用户至上为核心的管理新模式。

第四章 体育新质生产力青少年体育论

科学是一种在历史上起推动作用的、革命的力量。① 新时代新阶段，以习近平同志为核心的党中央高度重视科技创新，研究制定一系列政策举措推动新技术发展。习近平总书记提出的“新质生产力”这一全新概念，明确其内涵是“以创新为核心，具备高科技、高效能、高质量特征，符合新发展理念的先进生产力质态”②，并将“大力推进现代化产业体系建设，加快发展新质生产力”作为政府工作报告的首要任务，③ 明确了我国高质量发展的内在要求和重要着力点。推动青少年体育高质量发展是加快建设体育强国、推进健康中国建设的基础性工程。在当前高质量发展的时代背景下，新质生产力对我国青少年体育事业的改革创新产生了深刻的影响，特别是具有高互动性的数字新质生产力应用于青少年体育教学、后备人才培养、体育消费等领域，能够极大地激发青少年运动兴趣、培育青少年运动技能、推动青少年体育消费转型升级，其所展示出的强劲推动力、支撑力对于青少年体育高质量发展大有裨益。因此，本章立足新质生产力理论，在阐述新质生产力与青少年体育高质量发展内在机理的基础上，分析新质生产力中的新要素、新技术、新模式助推青少年体育高质量发展的应用场景与价

---

① 马克思，恩格斯. 马克思恩格斯选集（第3卷）[M]. 北京：人民出版社，2012：785－786.

② 习近平. 加快发展新质生产力　扎实推进高质量发展 [N]. 人民日报，2024－02－02 (1).

③ 人民网. 政府工作报告：大力推进现代化产业体系建设，加快发展新质生产力 [EB/OL]. (2024－03－05) [2024－03－20]. http://lianghui.people.com.cn/2024/n1/2024/0305/c458654－40189271.html.

值，并针对实践中的问题提出体育新质生产力提升对策，以理论创新指导青少年体育高效、高质量发展，助力中国式体育现代化建设。

一、青少年体育高质量发展新质生产力的逻辑

新阶段青少年体育工作的发展方向是从有质量向高质量转型。从学理的角度阐明新质生产力时代青少年体育高质量发展的可能性与必要性，说明新质生产力推动青少年体育高质量发展的内在机理，以奠定研究的理论基础。

（一）高质量发展：新时代青少年体育发展的主题

十九大报告做出了中国特色社会主义进入新时代的重大判断，揭示了我国由数量型增长转向质量型增长的经济社会发展导向，高质量发展包含产品服务的实际质量、竞争力影响力等质量表现、发展理念的充分提升，① 发展的终极关怀是实现人的现代化，即人在品质、体质、智能和潜能上的全面提升。② 体育是提高人的体质健康、促进经济社会高质量发展的重要动力。近年来，《体育强国建设纲要》《“十四五”体育发展规划》等重大文件为新时代我国体育事业改革发展指明了方向：围绕现代化体育强国建设，推动体育高质量发展。青少年作为国家和民族的希望，实现青少年体育高质量发展是助推现代化体育强国建设的重要途径。实际上，我国青少年体育高质量发展存在一定的可行性与必要性。其一，学校体育改革持续推进，青少年体质健康水平总体改善。截至 2022 年，我国义务教育阶段体育教师达 70 万人，学校体育运动场馆面积达标比例为 94.1%，体育器械配备达标学校比例为 97.3%，较之 10 年前有近一倍的增长，办学条件不断改善。③ 此外，我国 7 岁及以上年龄人群中，每周至少参加 1 次体育锻炼的人数比例

---

① 赵剑波，史丹，邓洲．高质量发展的内涵研究［J］．经济与管理研究，2019，40（11）：15 –31.

② 任保平．新时代中国经济从高速增长转向高质量发展：理论阐释与实践取向［J］．学术月刊，2018，50（3）：66 –74，86.

③ 陈有利，李小伟．共赴青春之约　共谱时代华章［N］．中国教育报，2023 –11 –06（2）.

为67.5%，① 青少年的柔韧、力量、速度、耐力等素质出现好转，② 目前，我国主要健康指标已居于中高收入国家前列。其二，青少年赛事活动丰富完善，竞技体育后备人才培养持续强化。通过学青会、U系列赛事持续开展，我国青少年多层级竞赛体系逐渐完善，2019年我国U系列赛事数量达到612场，③ 有助于青少年在常赛中提高竞技能力。同时，我国青少年后备人才培养支撑力度不断提升，2013—2017年间，我国青少年体育经费投入由6.7亿元上升至13.29亿元，全国各级各类体校数量从2185所增长至2266所，中等体育运动学校从224所增长至338所，青少年体育俱乐部从5319个增加至7592个，④ 在国家财政和多元主体的支持下，我国体育后备人才培养体系得到不断完善。其三，青少年体育消费市场不断扩大，体育产业得到快速发展。体教融合、“双减”政策的实施，让家长对青少年身体健康的重视程度不断提升，体育消费意愿也随之增强。数据显示，目前我国共有超过34.5万家体育教育培训相关企业，体育教育培训业的总体规模已超过2000亿元，⑤ 青少年体育产业产值快速发展。其四，青少年体质健康与经济社会发展存在密切联系。Kelly等学者的研究指出BMI指数对发达国家的经济增长有负面影响，⑥ 国内布特等学者的研究认为中国青少年BMI指数的上升与经济的快速强劲增长有关，⑦ 虽然不同经济体BMI与GDP的相关性不同，但共同揭示了青少年体质健康对经济社会发展的重要影响。

---

① 人民网．人民爱健身发布《2022国民健身趋势报告》［EB/OL］．（2022－08－02）［2024－03－20］．http：//health. people. com. cn/n1/2022/0802/c14739－32491985. html.

② 教育部体育卫生与艺术教育司．第八次全国学生体质与健康调研结果发布［J］．中国学校卫生，2021，42（9）：1281－1282.

③ 青少年体育司．2019年亮点频出　2020年凝心聚力［EB/OL］．（2020－06－24）［2024－03－20］．https：//www. sport. gov. cn/qss/n5014/c953667/content. html.

④ 张祥府，代刚．我国青少年竞技体育后备人才培养的区域化发展：集中度分析与梯度发展策略研究［J］．体育科学，2021，41（8）：53－60.

⑤ 常理．青少年体育消费市场将迎来巨大发展空间——体育市场供给越来越丰富［N］．经济日报，2022－04－17（9）.

⑥ KELLY I R，DOYTCH N，DAVE D．How does body mass index affect economic growth? A comparative analysis of countries by levels of economic development［J］．Economics & human biology，2019，34：58－73.

⑦ BU T，POPOVIC S，HUANG H，et al．Relationship between national economic development and body mass index in Chinese children and adolescents aged 5－19 from 1986 to 2019［J］．Frontiers in pediatrics，2021，9：671504.

可见，我国青少年体育发展的数量和水平得到了一定积累，有了发展质量的基础。值得关注的是，当前青少年体育锻炼的持久性、系统性以及质量还有很大提升空间，大学生身体素质继续下降、近视检出率居高不下、肥胖检出率持续上升等问题依然严峻，① 此外，青少年体育后备人才成材率低下、青少年体育赛事影响力欠缺等问题依旧显著。为达到现代化强国、体育强国的建设目标，青少年体育需要进一步转变发展方式，借助科技、数字的力量实现“量多”向“质优”的转变，因此，可以说高质量发展既是青少年体育发展的理念指引，也是青少年体育发展的时代主题和必然道路。

（二）新质生产力：青少年体育高质量发展的引擎

新质生产力是对马克思主义生产力理论的时代继承和重要拓展。有别于传统生产力，新质生产力以科技创新为主导，具备高科技、高质态、高效能、可持续等特性，是当下推动社会经济发展最活跃、不可或缺的要素。② 青少年体育高质量发展的内涵包含以人为本、可持续发展、创新驱动、科技赋能、多元主体联动 5 个方面，③ 主要任务是发挥现代科技对青少年体质健康、竞技体育后备人才培养、体育产业的促进作用，为经济社会充分、均衡、可持续发展提供全面型人才。新质生产力是解决青少年体育发展不均衡、不充分难题，实现青少年体育高质量发展的重要引擎。在二者的内在联系上，有学者基于经济学领域提出了“生产要素—组织形态—产业体系—技术创新”的动态发展视角，认为新质生产力可以通过提高生产要素质量、优化生产组织形态、促进产业体系转型升级并推动技术创新发展，进而实现经济高质量发展，④ 这为研究提供了思路。基于此观点，新质生产力可以从“生产要素—科技创新—组织形态”三个层次推动青少年

---

① 毛振明，叶玲，丁天翠，等．“三精准”视域下新时代学校体育大面积大幅度提升学生体质干预策略研究［J］．天津体育学院学报，2022，37（2）：125－130.

② 罗锡文，鲍明晓．新质生产力促进体育产业高质量发展的动力机制与路径选择［J/OL］．广州体育学院学报，10－19［2024－04－18］．http：//kns. cnki. net/kcms/detail/44. 1129. g8. 20240405. 1929. 002. html.

③ 陈作松，汪流，史文文，等．我国青少年体育高质量发展研究［J］．首都体育学院学报，2023，35（5）：503－511.

④ 杜传忠，疏爽，李泽浩．新质生产力促进经济高质量发展的机制分析与实现路径［J］．经济纵横，2023（12）：20－28.

体育高质量发展。首先，生产要素是高质量发展的基础。新质生产力不仅包含劳动者、生产资料与劳动对象等传统生产要素，更有科技、数据等新要素加入，通过将数字技术与体育传统生产要素相结合，同时发挥体育数据新要素的巨大优势，能够有效提升青少年体育发展效率。同时，数据、算力、算法的结合可以提升新质生产力的数字化发展水平，形成青少年体育发展优势。其次，科技创新是高质量发展的关键动力。新质生产力形成和发展的根本是科技创新，新质生产力时代，新一代信息技术、生物技术、新材料技术、泛在网络等广泛渗透到青少年体育各个领域，赋能体育教育、运动训练、体育产业创新发展，进而实现人的现代化、体育产业优化升级。最后，新质生产力催生数字技术创新，能够有效实现体育数据、体育资源组织使用的自动化、数字化发展，产生青少年体育新型发展模式，持续保障高质量发展。生产要素、科技创新、组织形态之间联动协同，即可有效促进青少年体育高质量发展，塑造全面发展的人。

二、青少年体育高质量发展新质生产力的新要素

新质生产力在实践中已经形成并展示出对青少年体育高质量发展的强劲动力。马克思指出“生产力，即生产能力及其要素的发展”①，生产要素对高质量发展而言是地基性的存在。在新一轮科技革命和产业革命中，数据、算力与算法要素正积极赋能，为推动青少年体育高质量发展提供基础性支撑。

（一）数据：数据提高青少年体育发展效率和效益

数据并不是当今时代的新兴产物，其诞生可以追溯至人类文明早期。随着时代的发展进步，数据从早期的商品化阶段迈进生产资料化阶段，开始作为生产要素直接参与到物质生产过程中，② 其含义也从“用于分析、决

① 中共中央马克思恩格斯列宁斯大林著作编译局．资本论（第3卷）［M］．北京：人民出版社，2004：1000.

② 张立榕．数据生产要素化的历史进程：生产力与生产关系的视角［J］．东南学术，2023（5）：128－136.

策的信息或事实”演变至“用二进制0、1字符串表示的、能被计算机设备存储处理的信息”①。数据作为新的生产要素，具备超越传统生产力要素的诸多优势，对提升青少年体育发展效率、创造经济社会价值具有重要作用。首先，数据要素具备大规模可得、低成本的特点。信息化时代数据要素数量丰富且呈现指数型增长的趋势。我国作为数据大国，数据生产总量超32ZB。② 海量数据中自然包含青少年运动训练、青少年体育教育、青少年体育培训等相关体育数据，可供政府、企业、社会团体及个人进行系统加工和处理，并且体育数据要素在使用过程中并不会发生耗损和折旧，如可穿戴设备中收集的数据既可以用来监测青少年运动强度也可以用于评估健康情况，可重复使用和易获得性的特点能够减少青少年身体改造过程中的资源消耗，助力体育强国建设。其次，数据要素具有流动灵活、突破时空限制的特性，数据要素能够驱动青少年运动场景多样化，将雪山、溪流等自然景观生动呈现在体育课堂或训练场景中。最后，数据要素具有乘数效应，通过发挥自身作用或与技术、资本等其他要素相结合，渗透于生产、交换与分配等各个环节，以价值创造、实现价值增值。如数据要素嵌入智能设备，生产出运动手环等高端体育设备，提升青少年体育产品质量，以及互联网平台基于数据要素打造用户画像，为青少年提供个性化的商品与服务，如“福驰运动科学实验室”致力于青少年足球鞋研发，实现球鞋的“定制化”。从产值上来看，未来5年我国青少年群体消费市场规模将达到1100亿美元。③ 此外，教练员可以依托训练数据的收集与分析调整训练计划，以帮助青少年运动员达到最佳竞技状态；家长可以通过手机数据传播实时了解青少年体育培训数据、体育比赛成绩，关注青少年健康成长。可见，数据要素已融入青少年体育方方面面，产生了规模化的经济与社会效益。

（二）算力：算力提升青少年体育数字化发展水平

算力，简言之就是计算设备对海量数据的处理能力，主要包含通用算

---

① 王宝珠，王朝科. 数据生产要素的政治经济学分析——兼论基于数据要素权利的共同富裕实现机制［J］. 南京大学学报（哲学·人文科学·社会科学），2022，59（5）：21-36，165.

② 新华网. 数据产量超32ZB！数字中国持续释放“数”活力［EB/OL］.（2024-04-02）［2024-05-02］. http：//www. news. cn/mrdx/2024-04/03/c_ 1310770103. htm.

③ 邹新娴，杨松，白宇飞. 数字经济赋能我国体育消费升级的作用机理与实现路径［J］. 沈阳体育学院学报，2022，41（6）：7-13.

力、智能算力、超算算力3种。随着第四次工业革命的到来，算力成为新一代数字技术的核心引擎，无论是手机、电脑、航天火箭，还是人工智能、互联网、数据中心，算力无处不在。可以说，算力已成为一个国家发展的核心驱动力。① 近年来，我国对算力的重视程度与日俱增，通过“东数西算”工程，先后在无锡、天津、济南、长沙等地建成8家国家级超算中心，为我国数字化发展提供了新动能，有效促进了算力在教育、医疗等行业的渗透。在体育领域，算力作为集数据储存、信息计算、网络运载于一体的新型生产力，算力规模直接影响体育供应链的数字化进程。② 青少年体育领域，算力的数字化驱动作用可以从技术、经济、社会三个层面来阐述说明。首先，算力是引领青少年体育数字技术跨越式发展的动力。有关报告显示，2023年我国智能算力预计将达到414.1EFLOPS，同比增长59.3%。③ 算力是人工智能技术发展的关键，算力基础设施的大幅完善可以促进人工智能大模型的工作效率，如大模型可以解决AR体育舞蹈教学所面临的数据传输和虚拟计算造成的时延与耗能问题，打造AR虚拟体育舞蹈业务，基于文心一言的大模型辅助训练系统已逐步应用于攀岩、游泳、蹦床等项目的训练当中，④ 为青少年体育教学和训练提供源源不断的新技术。其次，算力是衡量经济发展水平的重要标志，据相关评估结果，算力指数平均每提高一个点，国家的数字经济和GDP将分别增长3.6‰和1.7‰。⑤ 在算力支持下，青少年智能健身、训练器材、可穿戴装备等数字体育产品将迎来蓝海市场，促进青少年体育消费数字化发展。最后，算力通过人机结合、虚实相融加速了智慧社会的到来，数字体育课、智慧健身、模拟运动等已实现广泛应用，有利于塑造青少年数字化的锻炼方式。可以说，算力驱动的数字革命正成为青少年体育数字化发展的重要驱动力。

---

① 米加宁，李大宇，董昌其．算力驱动的新质生产力：本质特征、基础逻辑与国家治理现代化［J］．公共管理学报，2024，21（2）：1－14，170.

② 韩松，余锦洋，陈宗科．体育算力的基本内涵、测度体系及发展研瞻［J］．河北体育学院学报，2024，38（3）：1－12.

③ 孟凌霄．中国人工智能计算力发展评估报告发布　生成式人工智能引发算力产业“三变”［N］．中国科学报，2023－12－13（3）.

④ 刘峣．数字科技助力体育“智变”［N］．人民日报海外版，2023－11－29（009）.

⑤ 清华大学全球产业研究院．《2022—2023全球计算力指数评估报告》［EB/OL］．（2023－08－14）［2024－04－28］．https：//www.igi.tsinghua.edu.cn/info/1019/1321.htm.

（三）算法：算法打造青少年体育智能化变革优势

“算法”顾名思义指的是计算的方法，从内容上来看是软件处理海量数据、发现数据规律的计算过程，从形式上来看是物理世界运行规律的模型化表达。算法主要有机器学习算法和神经网络算法，近年来神经网络算法分支中的深度学习发展达到了高潮，从技术角度推动了人工智能的发展，同时推动了青少年体育智能化变革。一方面，算法投入青少年体育产品设计、制造、营销环节，提升了青少年体育用品制造业的发展优势。算法的应用能帮助产品开发者进行科学决策，根据绿色低碳转型需求，为体育用品生产制定全流程升级方案，并在制造过程中实现自动化控制，有效提高体育产品质量和工作效率;① 大数据与算法的结合可以实现体育产品供给与需求的精准对接，提升用户体验和品牌忠诚度。安踏儿童作为全国品牌力和市场份额第一的专业儿童运动品牌，运用算法捕捉到时下青少年青睐的滑雪、户外、花样滑冰、艺术体操、击剑等新兴运动，制造出相应的高科技含量鞋服产品，有效提升了用户黏性，以算法打造品牌优势。另一方面，算法融入青少年运动健身环节，能够提升运动生活方式的科学性。当前，青少年锻炼坚持性不足的原因之一是缺乏科学指导，一项关于青少年体育运动状况的调查表明，超过六成的青少年感知缺乏运动指导教师或教练，② 算法是弥补这一缺口的有效手段。目前，有学者基于神经网络算法提出了青少年运动强度识别方法助力青少年科学运动，③ AI 算法赋能打通线上线下场景，通过统计健身数据制定个性化健身方案，深度破解青少年参与体育健身的瓶颈和痛点，提高青少年运动的坚持性；同时，基于机器学习算法的运动损伤预警模型的应用，④ 可以实现青少年运动员运动损伤的精准预

---

① 时丽珍，黄晓灵，李增光，等．新质生产力赋能体育用品制造业高质量发展的出场语境、推进困囿与实践路径［J］．沈阳体育学院学报，2024，43（2）：1－8.

② 孙宏艳．青少年体育运动状况调查及对策［J］．青年学报，2022（2）：68－78.

③ 董晋，季炜然．基于 LSTM 网络与 ECG 信号的青少年运动强度识别方法［J］．印刷与数字媒体技术研究，2023（6）：49－58.

④ Shortliffe E H, Sepúlveda M J. Clinical decision support in the era of artificial intelligence［J］. Jama, 2018, 320（21）: 2199－2200.

警，训练模型能够广泛收集运动员的训练、康复、膳食等数据，避免出现数据孤岛，帮助运动员竞技水平整体提升；此外，在算法推荐机制下北京冬奥会等赛事信息的可见性，① 能为青少年提供感兴趣的体育明星资讯、体育赛事精彩瞬间，在赛事氛围影响下激发青少年参与运动的热情。

"数据＋算力＋算法"的结合是新质生产力的要素前提，在大数据、人工智能、大模型的推动下青少年体育发展质量效益大幅增强，数字化智能化发展水平明显提升，体现了要素赋能青少年体育高质量发展的重要价值。（如图4－1所示）

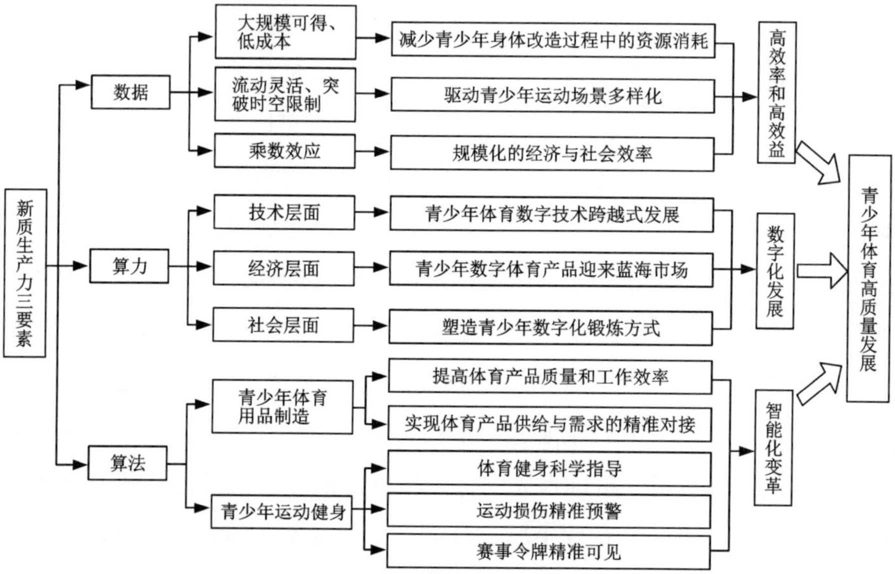

图4－1 数据、算力、算法三要素助力青少年体育高质量发展机制图

三、青少年体育高质量发展新质生产力的新技术

科技创新不仅是推动生产力跃升的核心力量，更是实现高质量发展不可或缺的重要因素，在促进经济社会全面进步中占据着举足轻重的地位。泛在连接一词援引自"沉浸传播理论"，指基于互联网、物联网等"泛在网

① 付晓静，徐千禧，潘陈青．算法推荐机制下北京冬奥会的"可见性"——基于抖音短视频平台的研究［J］．北京体育大学学报，2023，46（4）：50－62.

络”形成的任何时间、任何地点、任何人、任何物都能顺畅沟通与交流的社会现象。[①]“十三五”以来，我国把建设泛在先进的信息基础设施体系作为信息化发展的重大任务，目前已建成了全球规模最大的5G网络，泛在连接已成为现代化强国建设的重要支撑。新质生产力推动青少年体育发展水平的根在于科技创新，基在于泛在连接，表现为新技术助力于青少年体育全域高效发展。

（一）新技术赋能青少年体育教育“智慧化”和“沉浸化”发展

体育，是人对自身的自觉改造，身体既是体育运动的出发点也是落脚点。[②] 在新质生产力时代，新型体育人才兼具劳动主体和劳动对象的双重属性，[③] 不仅需要掌握体育技能与新兴科技的综合能力，而且需要适应数字技术的培育、改造过程，从而达到身心全面自由发展的目标。体育教育肩负为体育人才培养提前布局的重要使命，青少年体育教育实现数字化、智慧化转型成为题中应有之义。新一代信息技术是新质生产力的重要体现，包含人工智能、大数据、云计算、5G技术、物联网、区块链等内容。[④] 在实践中，基于新技术的智慧体育已覆盖青少年体育教学、体育考试、体质健康测评、学校赛事、课后活动和家校共育6大场景，贯穿了学校体育教育的全流程。在青少年体育教学中，一方面，依托物联网技术和计算机视觉技术打造智慧操场、智慧场馆，目前，以信锐IS春蚕校园物联网解决方案、科大讯飞AI学校体育解决方案等为代表的智慧体育项目已广泛应用到校园内，App预约制的数字化方式实现了学校体育资源优化配置；另一方面，借助虚拟现实和人工智能技术打造数字体育课，如北京大学通过将智能单车、智能滑雪机等设备与VR、AR技术相结合开设的数字体育课，能让学生在沉浸式体验中锻炼身体、享受学习乐趣。在体育考试、体质健康测试、学

① 董传升，张立．新时代泛在体育治理的逻辑与策略［J］．北京体育大学学报，2019，42（6）：1－11．

② 岳游松，刘素萍．从救亡图存到人民至上：中国式现代化进程中体育观念的内涵拓展［J］．武汉体育学院学报，2024，58（2）：1－6，29．

③ 布特，苏立德，郑澜．体育新质生产力探究［J/OL］．天津体育学院学报，1－7［2024－05－05］．http：//kns. cnki. net/kcms/detail/12. 1140. G8. 20240419. 1527. 004. html．

④ 付渊，刘勇．电子信息导论［M］．北京：北京理工大学出版社，2022：88．

校比赛过程中，基于大数据、人工智能技术的体育考试管理平台、AI 考官、AI 测试设备、AI 裁判智慧大屏等屡见不鲜，相关数据可以通过平台反馈给家长，实现学校、家庭共商体质促进。目前，恒鸿达 AI 体育考试系统先后服务了福建、河北、江西省等 30 多个市、县（区）体育中考，累计服务学校超过 1000 所，考生人数超过 500 万。① 最后，AI 运动小站的新尝试有利于拓展课后体育运动场景和内容。AI 运动小站不仅可以对青少年体育运动进行智能感知与监测出具个人运动报告，还能借助智能运动环境开展趣味 PK 和团体竞技等体育比赛，是新质生产力时代青少年体质健康促进的有力工具。可见，青少年体育教育的智慧化发展，不仅有利于加强青少年体育锻炼参与的有效性和长效性，还能通过沉浸式体验拓宽运动场景，以智能化、数据化模式，助力打造积极健康的校园体育氛围，促进学校、家庭之间的协同配合，最终实现青少年体质健康水平的提升。

以上海市第一师范学校附属小学数字赋能“愉快教育”实践为例。② 体育教育具有重要的健体、育人功能，学校体育工作的重点就是帮助学生在体育锻炼中享受乐趣、增强体质、健全人格、磨炼意志，享受乐趣是体育教育的第一目标，也是青少年坚持体育锻炼、养成体育习惯的重要影响因素。近年来，学校体育工作者对运动乐趣的重视程度不断提升，愉快教育成为提升青少年运动乐趣的重要教学策略。上海市第一师范学校附属小学（以下简称一师附小）是著名教育家陈鹤琴先生于 1945 年创办的一所实验性学校。20 世纪 80 年代初，学校继承陈鹤琴先生的“活教育”思想，开始了“愉快教育”的整体实验。当下，以 5G、人工智能、大数据等为代表的新一代信息技术正加速向各领域全面渗入，上海再一次“冲锋”在前，成为全国首个教育数字化转型试点区。一师附小作为上海市教育信息化标杆培育校、市级数字化转型实验校，在数字技术赋能下的“愉快教育”有了新的内涵，其数字化体育教学同样成为行内培育运动乐趣的标杆。

---

① 恒鸿达 . AI 体育考试/模拟考解决方案 [EB/OL]．（2024－04－24） [2024－04－28]．http：//www. hengonda. com/index-list-60.

② 江苏教育新闻网 . 上海市一师附小：数字化技术赋能，让“愉快教育”更“愉快” [EB/OL]．（2023－09－08） [2024－06－05]．http：//www. jsenews. com/rmzt/2023Y/csj/sh/202309/t20230908_ 8078841. shtml.

上海市第一师范学校附属小学通过大数据、云计算等新兴信息技术和学校体育的深度融合，采用可穿戴设备构建多维智能运动学习空间，从课内到课外、校内到校外、线上与线下对学生身体活动、体质健康等数据进行全周期动态采集和管理，构建了集“横向分析与纵向跟踪、因材施教与针对干预”等功能于一体的青少年体质健康管理体系，为学生健康成长和体育课堂优质高效提供了良好服务。在硬件设施上，该校配置有学生体质健康测试仪器2套、眼部放松仪20部、智能交互机器人3台、互动式体感装备1套、展示设施1套；软件设施上，借助华东师大青少年健康评价与运动干预教育部重点实验室自主开发的“青少年体育健身大数据平台”，建设了学生体质健康“检测—分析—干预—评价”系统；在系统体系上，形成了体质监测“一生一档”“一码一卡”的机制，将每个学生的测试过程记录生成一个二维码，配合自主锻炼任务单卡及时评价，逐步构建起了家校联动、课内外一体的学生体质健康促进体系。

上海市第一师范学校附属小学数字赋能“愉快教育”的亮点及特色主要有：首先，依托数字化平台，打造体育教学特色课程。一师附小采用数字化技术结合体育学科，开发了数字化特色体育课程。如在二年级“小沙包投准”体育课中，体育教师利用多媒体视频对投掷动作进行慢动作播放，让学生仔细观察投掷的动作要领，包括出手时机和不同角度的动作特写等，学生以此更直观地形成连贯动作的认知；同时，在体育器械上安置雷达，通过雷达上的灯光，直观地呈现出学生击中目标的精准度，准确度越高，雷达灯亮得越多，投掷的力度也就越大，这种方式可以将学生的精准度和力度可视化。体育教师通过将瞄准、投掷、击中率三者数据相连接，可以对学生技能水平进行评估和指导；此外，在课上每个学生会佩戴心率手环，整节课体育教师能够结合心率手环的实时数据反馈，以评促教，对心率负荷不足的学生加以激励和干预，及时调整练习的难度，保障学生的学习兴趣和运动目标的达成度。以数字化平台为主导，可以有效把握学生之间的个体差异，实现个性化体育教学，该课例也荣获了2021年上海市中青年教师教学技能大赛一等奖。其次，多元化数据，打造学生个性化健康档案。一师附小借助精准数据分析技术，让学生评价变得更高效且更有效果。一方面，巧妙运用IPAD在课堂上实现体育数据的实时反馈，让学生在体育课上获得“诊断性”体检单，记录学生健康数据；另一方面，学校还借助“青少年体育健身大数据平台”，开展学生体质健康“检测—分析—干预—评价”，形成“一生一档”“一码一卡”，对学生健康情况进行智能分析。例如，针对一名体形偏胖的学生，通过其健康数据监测，家校联动正向引导干预其饮食习惯，为其制定校内午餐营养均衡指导手册。在课堂上教师对其进行针对性游戏。通过持续干预，该学生逐步养成健康的生活习惯，身体质量指数（BMI）达到正常水平，其坐位体前驱成绩也有了不小进步。可见，数字化技术在体育教学中的应用，提升了青少年健康促进的有效性。最后，数据动态采集与实时反馈，打造高效化体质健康促进方案。一师附小配备小学生体质健康综合干预实验中心，旨在重点关注学生体质测试数据采集的动态化、反馈的时效性、干预对象的全面性特征，通过成绩多次录入、教师精准干预，结合智能交互机器人数据反馈和干预建议，形成动态数据采集和反馈及时的特性。在数据分析的基础上，形成年级、班级、学生三个层次的评价报告。体育教师会根据学情有针对性地完善教学计划，提升教学质量，动态监测学生体质状况并实时反馈，多维度、多层次做出相应锻炼指引，因材施教，为学生提供个性化的运动建议，提升其自主健身能力。

一师附小体育课堂在数字技术加持下，让学生更易学、乐学。借助数字化工具，可以有效将学生参与体育锻炼的兴趣由校内引导到校外，为终身体育打好基础。这启示广大体育教育工作者和各级学校，要充分发挥数字技术引领体育教学创新作用，由点及面驱动体育学科转型，塑造体育课程优势和特色，在体育教学实践中扩充体育数字化教学资源，积累数字化体育教学典型案例，开展动态化体质健康监测与评估，进而推动体育教育走向智能化发展、推动青少年体质健康更上一层楼。

（二）数字技术、现代生物技术促进青少年训练“科学性”和“人文性”互相交融

青少年时期是成长发育的关键期，这一阶段，青少年的身体形态、生

理功能、心理素质等与成人均存在较大差异，因而训练理念、内容、方法、负荷等都应遵循青少年的身心发展规律。进入万物皆数的数智时代，青少年训练和竞赛已由经验驱动转变为科技驱动。数字技术、现代生物技术是提升新质生产力的重要手段，现已成功运用到青少年竞技体育等各个领域，并表现出了对青少年后备人才培养和竞赛成绩质量提高的重要作用。在运动员选材上，科学选材是后备人才培养质量提升的关键。大量研究表明，遗传基因与耐力、力量和速度的运动表现高度相关。① 在科技奥运战略指导下，我国已在江苏省开展了106名青少年运动员基因检测试点工作，② 有效推动了选材的科学性。在青少年训练和竞赛过程中，数字技术赋能青少年训练和竞赛走向科学化和智能化。一方面，训练主体已不再局限于教练员，而是增加了更为智识多元的训练系统，这主要得益于动作捕捉技术、智能化系统在青训中的精准应用。动作捕捉技术能够精准捕捉、监测运动员的动作，如在篮球训练中，教练可以借助该技术实时监测与分析运动员的投篮姿势、跑步姿势等，进而找到最有利于提高精度和速度的动作姿势，并及时发现异常动作，从而预防运动损伤。智能化系统则可以根据采集图像进行大数据分析，给出训练强度上的建议，使运动员训练负荷更具个体化。目前，在上海市“国家高水平体育后备人才基地”建设中，以上技术得到有效使用，提高了体育后备人才培养的科技含金量和未来竞争力。③ 另一方面，虚拟现实、人工智能、大数据等新技术的转化应用，可以有效促进青少年训练技术和方法创新，以及通过赛场上的实时数据分析调整战术布局。在训练新技术和方法上，我国自主开发了风洞实验室和VR滑雪模拟器，让运动员能够在模拟真实的比赛场景中进行适应性训练，提高运动表现。美

---

① 袁凌峰，黄铭涵，毛俊，等．基因数据在体育运动领域的应用与展望［J］．体育与科学，2022，43（3）：104－114.

② 新浪体育．基因检测助力科学选材　体育科技又一新成果［EB/OL］．（2019－06－24）［2024－04－28］．https://sports.sina.com.cn/others/others/2019-06-24/doc-ihytcerk9988096.shtml.

③ 平萍．上海高科技智能化信息化走入青少年训练［EB/OL］．（2017－07－26）［2024－04－28］．https://www.sport.gov.cn/n20001280/n20745751/n20767277/c21373309/content.html.

国、澳大利亚等国家打造出“数字运动员”代为接受训练、比赛和治疗,① 这些均为我国青少年竞技体育的发展提供了有益经验。实际上，上海市早于2013年启动“竞技体育后备人才培养雏鹰计划”，并积极资助“雏鹰计划”体育科技项目，近5年立项课题达48项，有效提高了体育后备人才成材率。在青少年比赛中，智能系统可以帮助教练员实时了解运动员在场上的动作及效果，以及时调整战术、取得良好竞赛成绩。目前，“篮Buff”等智慧测评系统已投入小篮球赛事中,② 能够清晰统计运动员的成绩和排名，助力教练员和运动员科学决策的同时能够为球迷提供有趣的统计数据。新技术的效益不仅体现在通过科学选材、训练、竞赛和管理实现运动成绩的提高，还将科技进行人性化改造，以保障运动员的运动寿命、给予人文关怀，体现出科技造福于人的价值。

以恒大足球学校数字技术赋能青训实践为例。③④ 当前，我国体育事业发展的目标是建设体育强国。在我国从体育大国向体育强国迈进的过程中，科技创新的重要支撑作用已日益凸显。特别是我国竞技体育得到重大进展，展示了我国举国体制的制度优势以及中华优秀体育精神的强大精神活力，同时也应深刻认识到，科技对于竞技体育核心竞争力的提升具有重要作用。尤其是在我国青训事业中，要不断实现科技赋能，推动青少年训练和竞赛由经验驱动转变为科技驱动。近年来，我国足球青训水平实现了较大提升，除了名师良帅助阵，更少不了先进科技的加持。恒大足球学校（以下简称恒大足校）近年来在青训中创新运用科技手段，创造了数字技术赋能青训的典例。

恒大足校自2012年建校以来，十分注重软硬件建设，已投入超26亿

---

① 吴彰忠，钟亚平，史金田，等．数智赋能科学训练：内涵逻辑、国际经验与本土实践［J］．体育学研究，2023，37（1）：82－94.

② 新华社．高科技！智慧篮球训练测评系统“篮Buff”助力青少年体育［EB/OL］．（2018－05－25）［2024－04－28］．http：//m. xinhuanet. com/sports/2018－05/25/c_ 1122884887. htm.

③ 恒大足球学校．恒大青训“黑科技”再升级，智能足球技术训练馆投入使用［EB/OL］．（2021－08－04）［2024－06－05］．https：//fs. evergrande. com/show. php？ id＝1022.

④ 搜狐网．恒大足校的青训“黑科技”：大数据分析＋专业水疗康复［EB/OL］．（2019－08－07）［2024－06－05］．https：//www. sohu. com/a/332126735_ 120044279.

元，建成50片国际标准足球场、26幢学训大楼和学生公寓等。此外，还建立了4个训练及比赛管理系统，建成20片高科技智慧球场、5个智能数据分析中心，实现人才培养数据化、信息化、智能化，科学保障精英球员健康成长。办学以来，恒大足校通过科技赋能，在运动成绩和人才成材率上均取得了优异成绩。目前，恒大足校已获68项重大赛事冠军，366人次入选中国国青、国少队，入选各年龄段恒大俱乐部梯队的球员近百人，输送各层级青少年人才超3000人。布格拉汗、罗涵博文、蔡明民等年轻球员进入一线队，张琳艳更是入选中国国家队并登场。

恒大足球学校数字技术赋能青训的亮点及特色主要包括：首先，投入智能足球技术训练馆，提高训练科技化、智能化水平。在青训过程中，智能体育场馆的使用是提高运动成绩的必要因素。恒大足校建设完成并投入使用了智能足球技术训练馆，该设备主要特点在于高效率训练球员接球、停球和传球，提升技术能力和灵敏处理球能力。在训练过程中，教练可以通过电脑设置训练次数、发球方向、球速球高，既可供运动员在场地内短时间、重复练习某一个技术动作，也可以容纳多人进行配合练习，模拟进攻、防守等多种实战场景。在场馆的四个顶角配备有高清摄像头，用于捕捉球员的运球路线、射门角度、位置、运动距离、能量的消耗，有助于帮助教练员根据球员的素质设置合适的训练模式。训练结束后，系统会自动生成各项评测数据，可以为球员发展提供更为精确的训练和指导，能够有针对性地提高训练成绩。其次，采用先进水疗设备，科学助力疲劳恢复、运动康复。恒大足校配备了国际先进的水疗系统，其水疗室内总共分为五部分：两个小池为热水池和冷水池，通常是让学员们冷热交替地浸泡，以增强血液循环和肌肉恢复；理疗池有高低不同的坡度和水位，学员可以在池中进行康复训练；水疗大池安装有强力喷柱，由喷柱把水喷向身体不同部位的肌肉，达到放松恢复的效果；观察池适合工作人员从两侧观察球员动作，判断其水下动作是否标准。恒大足校水疗室面向所有运动队开放，水疗恢复已成为学员赛后必备课程之一，也是该校在医疗康复领域的一大利器。除此之外，该校还有专业的康复理疗师。高科技装备的使用，能够帮助青少年运动员快速消除疲劳，为球员们提供良好的保障，进一步提升运动表现。最后，应用大数据分析技术，助力科学选材与训练。大数据分析是当今职业足坛广泛运用的一项高科技手段。恒大足校精英队参加的每一场比赛，教练团队都会通过视频录像及相关监控系统对比赛进行精确分析复盘，比如从净比赛时间、跑动距离、最快冲刺速度等环节入手，对运动员们提出有针对性的训练改进措施，做到精准决策与训练。同时，恒大足校还配置了专业的骨龄测试系统，可以快速判断出被测球员目前的身体年龄情况，并对其未来的成长发育做出预估。在恒大足校内，每名招生复试球员都需要检测骨龄，作为复试环节其中一项重要评估。可见，恒大足校把黑科技贯穿于运动员选材、训练过程中，在保障运动员健康成长的同时实现运动成绩的提高。

自建校以来，恒大足校一直大力推进科技化、智能化训练，打造青训大数据管理系统，实现人才选拔、素质监测等数据化、信息化、科技化，助力青训人才培养科学化。为实现新时代我国竞技体育高质量发展目标，要深刻学习其数字化训练经验，坚持以青少年后备人才培养为核心，坚持引入先进科学技术，引进和创新运动训练最新理论、高端生物基因技术的迁移应用，从而实现科技驱动青少年竞技体育高质量发展，推动体育强国建设。

（三）绿色技术、物联网技术推动青少年体育产业“绿色化”“低碳化”发展

当前，我国人口转型呈现老龄化与少子化并存的特征，在人口转型影响下，深受互联网和媒介环境影响的“Z 世代”青少年群体正成为我国消费的主力军，同时，随着体教融合、“双减”等政策的实施，青少年体育培训、体育装备等业态将迎来良好发展前景。生产力不仅包括人及其创造力、生产工具，而且包括生态环境，经济发展与生态文明建设相协调是我国高质量发展的题中应有之义。① 面对如此庞大的消费市场，如何实现青少年体育产业可持续发展是体育现代化的重要议题。新质生产力本质上就是绿色

---

① 任保平．新时代中国经济从高速增长转向高质量发展：理论阐释与实践取向［J］．学术月刊，2018，50（3）：66－74，86．

生产力，绿色、低碳是其价值底色。可见，高质量发展与新质生产力的底层逻辑在一定程度上是融会贯通的，这也启示我们要把“绿色”“低碳”理念、科学技术融入青少年体育生产、消费全过程，以实现生态、经济、社会效益全方位提升。实际上，我国青少年体育产业正积极通过绿色技术、物联网技术的投入和资源的有效利用实现生态转型。体育场地设施业和体育用品制造业是绿色低碳转型发展的重要内容。① 体育场地设施业中，SES运动橡塑新材料被广泛使用于竞技赛事、健身场馆和学校场地中，相较于传统材料，这一新材料不仅耐用、安全，还可以实现100%回收循环使用，能够有效减少体育建材生产和建筑施工过程中的碳排放，② 同时基于物联网的智慧体育场馆能实现建筑设备的精细控制与优化运行，实现场馆运行资源节约化。体育用品制造业中，安踏儿童品牌的成功就是建立在材质选取、生产设计、销售服务等全链路绿色低碳发展模式的基础之上。此外，在竞赛表演业中，北京冬奥会作为绿色办赛的典范，通过二氧化碳直冷制冰技术、柔性直流电网技术、氢能源等的投入为青少年体育低碳办赛提供了可供借鉴的模板。③ 除生产过程外，基于物联网、5G技术的泛在连接让青少年体育消费更为低碳，通过佩戴可穿戴式设备，可以打破运动健身时空限制，还能实时反馈运动数据，减少运动过程中资源浪费。在产值上，根据美国调研机构预测，到2030年全球虚拟健身市场规模预计将达到1064亿美元，虚拟健身市场复合年增长率将达26.72%。④ 可见新质生产力下的技术创新对青少年体育产业转型升级而言具有强大的生态效益和预见性作用。

体育系统通过将新一代信息技术、生物技术、绿色技术、泛在网络等与青少年学校体育、竞技体育、体育产业深度融合，推动了青少年体质健

---

① 任波，黄海燕．“双碳”目标下中国体育产业结构优化的内在机理与升级策略［J］．体育学研究，2022，36（4）：75－87．

② 王辉．新材料新技术新工艺不断涌现　体育场地营造进入升级时代［N］．中国体育报，2021－05－21（2）．

③ 布特，李佼慕，邹新娴．北京冬奥会绿色科技创新与生态文明遗产研究［J］．科学管理研究，2022，40（1）：9－17．

④ 马莲红．1064亿刀市场，Meta、腾讯入局，虚拟健身看涨［EB/OL］．（2023－02－20）［2024－05－05］．https：//sports. ifeng. com/c/8NZ8vlhLsX6．

康、运动表现、产业生态不断优化，是新质生产力推动青少年体育高质量发展的核心表现，新技术在青少年体育领域中的应用场景如图4－2所示。

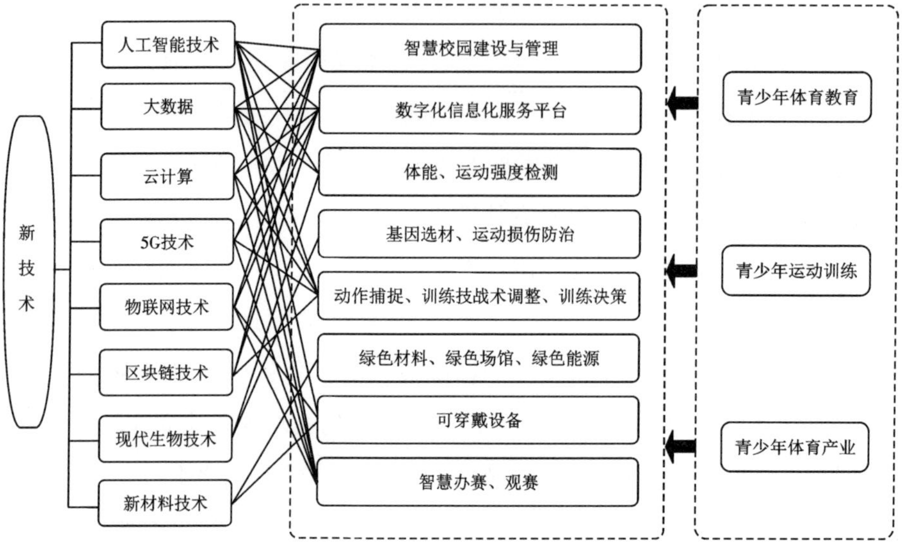

图4－2　青少年体育领域新技术应用场景图

以数字化转型下北京大学“数字体育”课程实践为例。① 2022年1月，国务院印发《“十四五”数字经济发展规划》，将深入推进智慧教育作为社会服务数字化提升的重点工程之一；全国教育工作会议中，多次提及要实施国家教育数字化战略行动、开辟教育数字化新赛道。可见，我国教育正全面进入数字化转型发展时期，体育教育同样要紧跟时代，开发数字体育新模式。近日，北京大学（以下简称北大）在新学期开设“数字体育”课程，引起了广泛关注。课堂上，学生可以足不出户，练习登山、滑雪、划船等户外运动，课程结合体育科学与人工智能、数据分析和健康管理，为学生打造了一套全新的体育锻炼系统，大大提高了锻炼的趣味和效果。

北大“数字体育”课程的定位是结合体育科学、AI与人工智能、数据分析和健康管理，以体育锻炼为基础，通过特定设备以数据形式辅助，使体育运动有数据支持，为健康管理提供决策依据，提高锻炼趣味性和锻炼

① 中国教育网络．拥抱数字化时代：北京大学数字体育战略布局［EB/OL］．（2024－04－15）［2024－06－05］．https：//www. edu. cn/xxh/xy/xytp/202404/t20240415_ 2598680. shtml.

效果。这一课程作为全校公选课，由体育教研部副教授吴定锋授课，每周授课 2 节，共授课 15 周。授课地点的健康驿站配备了 6 种智能化设备，具体名称、功能如表 4－1 所示。

表 4－1　北京大学数字体育课程智能化设备配置表①

名称	功能
智能单车	使用磁阻设计，自发电及动态自动变阻，独创智慧化功能，带有操控按键的可转向车把，搭载各类实景及虚拟赛道、趣味运动游戏交互
智能划船机	使用风阻设计，可调节 10 挡阻力，搭载线上竞赛游戏及趣味党史学习教育
智能滑雪机	可搭载 VR，具备模拟越野滑雪功能，模拟雪场沉浸式运动体验
智能登山机	可搭载 VR，兼有跑步和攀登两方面功能，利用大角度坡度跑带和双手杖模拟跑步和登山
智能拳击台	可搭载 VR，具备模拟拳击台功能，结合 VR 技术可以让运动者和虚拟对手对战，上方屏幕同步显示运动参数
HADO	通过 AR 技术实现多人射击类对战运动游戏

北京大学“数字体育”课程的亮点及特色主要包括：第一，以数字体育课程提升学生体育数字素养。北大“数字体育”课程的目标主要有两个：一是提升学生体育素养，二是提升学生数字素养。一方面，通过智能化体育设备的沉浸式教学，可以帮助青少年在趣味运动中掌握运动技能、提高体育素养；另一方面，课程的教学场地以智慧驿站为主，最终考核方式是体育竞赛和数字化体育的双创设计方案，数字化的教学过程和考核方式可以有效提升学生运用数字技术的能力，进而提高数字素养。第二，以数字体育课程推动数字体育科研发展。北大在数字体育课程的基础上，持续推动数字体育科研发展。面对电竞入奥等国际趋势，北大已建成健康电竞研究中心，与苏州市政府形成合作关系，并面向全国同行发布相关的研究课题，共同探索健康电竞项目建设。同时也推动了与数字体育课程相关的智

① 北京大学．“数字体育”第一课开课！北大教学数字化转型拉开新篇章［EB/OL］．（2024－02－23）［2024－06－05］．https：//news. pku. edu. cn/xwzh/ccd228309e654c3196a3aedfdf69ee5c. htm.

慧场馆和健康驿站等课题项目的申报与建设，有利于打造出数字体育理论研究的前沿阵地，推动我国数字体育科研进步。第三，以数字体育课程促进体育社团建设。在数字体育课程带动下，北大将在已有的60个体育类学生社团的基础上，进一步建立数字体育相关的学生社团，目前已成立健康电竞学生社团。在体育社团的带领下，数字体育的受众和活动会更加广泛，可以起到以点带面促进数字体育发展的功效。同时，北大还积极争取联手兄弟高校和企业，期盼组织起全国高校健康电竞与数字体育联盟，这将进一步带动我国电子竞技产业的可持续发展。第四，以数字体育课程带动智慧校园建设。数字体育课程自然依赖于智慧体育场馆，北大近年来加大对智慧场馆建设的投入，建成了沉浸式、互动式、游戏性的智慧驿站。同时，数字体育也是智慧校园建设很好的抓手，App预约等数字化方式解决了体育资源的优化配置问题，智慧大屏、智慧跑道等将继续推动更为时尚的数字体育文化的形成，硬件与软件双管齐下，有效带动了智慧校园的发展。第五，以数字体育课程促进数字体育赛事开展。体育竞赛是体育事业发展的重要依托。在体育竞赛方面，自2019年起，北大每年举行“智慧铁人三项”公开赛，其中划船、骑行两项比赛都是在沉浸式的器械上进行的，比赛实现了线上与线下、虚拟与现实的结合。北大目前正在联合北京市铁三协会，制定智慧铁三团标，编写智慧铁三教材，这将推动我国数字体育竞赛进入新纪元。

北大“数字体育”不仅仅是一门课程，更是一个集教学、科研、群体、场馆、竞赛于一体的，包含课程、教材、期刊、课题、研究中心、联盟、社团、智慧场馆、运动会、代表队各个方面的，具有蓬勃生命力和张力的数字体育生态系统。这为我国教育信息化提供了一个典型的发展范例，启示我国体育院校要不断实现体育课程的数字化、智能化转型，以全面系统的数字体育生态系统推动体育事业高质量发展。

（四）青少年体育高质量发展新质生产力的新模式

组织是指为达到目标并受某些共同目的约束的个人团队，包含政治团体、经济团体、社会团体和教育团体。① 组织是经济增长和发展的有效载

① 道格拉斯·C. 诺思. 制度、制度变迁与经济绩效［M］. 杭行，译. 上海：格致出版社，2008：5.

体，组织创新能够促进经济高质量发展。[①] 新质生产力时代，技术发展带动体育组织形态向平台化、生态化变革，由此催生青少年体育虚实一体、跨界融合的新发展模式，有利于发挥体育组织内部要素与外界支持要素的综合效益，促进青少年体育高质量发展。

1. 平台化：青少年体育虚实一体新模式

进入万物互联、万物智能的数字时代，技术的变革促进企业组织形态重塑，产生了以平台化企业为代表的智慧型组织。区别于传统实体型组织，智慧型组织具备资源聚合、线上线下连接等功能，能够实现组织内部资源合理分配，实现用“众个脑”“众双手”同时进行价值创造，促进内外一体化、虚实一体化发展。[②] 在青少年体育领域，智慧体育平台正是现代体育智慧型组织的代表。智慧体育平台是指基于大数据、物联网、互联网、云计算等新一代信息技术，能够实现体育管理部门、学校机构、运动队等组织的体育信息资源高效整合，建立专用数据库和知识库的途径和平台，实现体育资源公平化。[③] 在青少年体育实践中，智慧体育平台应用场景正持续拓展。在青少年体育教学中，慕课、云伴 AI-SaaS 云平台等线上线下一体化教学方式以及 VR 数字体育课程得到大力发展，教学资源的丰富性、教学选择的自由性和教学过程的可重复等优势可以突破传统体育教学的桎梏，在虚实一体中打造个性化的体育教学体系，对于提高体育教学效率具有重要作用。[④] 青少年运动训练中，可以借助大数据、数字孪生技术创建运动员虚拟仿真模型，在虚拟环境中预演训练计划，以更好地预测运动员的竞技表现、开展极具针对性的个性化训练，通过虚实结合促进运动表现。青少年体育赛事中，线上线下结合形式已成为青少年赛事活动的发展趋势，如基于数字化平台的 2020 年全国线上亲子活动带动了 794.2 万人参与，拓展了青少

---

① 陈佳美．组织创新对中国经济增长质量提高的影响分析［J］．经济学家，2013（12）：36－41．

② 李海舰，李燕．企业组织形态演进研究——从工业经济时代到智能经济时代［J］．经济管理，2019，41（10）：22－36．

③ 陈锦，邱楷，张媛媛．“互联网＋”背景下智慧体育平台建设方案［J］．南京体育学院学报（自然科学版），2017，16（3）：125－130．

④ 张文才，何敏学．O2O 教学模式应用于体育教学的本质与模式建构［J］．教学与管理，2020（3）：86－88．

年体育主体并促进了体育资源高效整合。① 在青少年体育科普中，天津市通过线下办展线上搭建数字博物馆，形成了体育科普教育的共享平台，有利于全面提升青少年的体育认知。此外，新冠疫情防控期间，线上体育培训、直播健身等体育产业新模式得到快速发展，帮助青少年在内的体育消费者养成线上消费习惯。总的来说，平台化组织形态是新质生产力时代技术变革下的新模式，能够通过数字平台打通实体与虚拟空间的通道，形成各体育组织之间的资源共享与价值共创，是青少年体育高质量发展的有效载体。

2. 生态化：青少年体育跨界融合新模式

以人工智能为代表的新技术在经济社会领域的全渗透，带动了组织形态的又一次变革，注重多方参与、共创共享、动态演化的生态化商业生态系统将成为组织形态发展的必然取向。在这一趋势下，体育产业生态系统新模式成了推动体育产业高质量发展的重要内容。体育产业生态系统是以体育消费者为中心，坚持多主体价值共创，实现要素资源共享，形成动态稳定、开放合作、协同共生的创新群落。② 在其运行过程中，平台是保障资源流程的重要载体，多行业多产品的跨界融合和共生发展是生态系统形成的关键。体育产业具有覆盖范围广、接纳性强的特点，青少年体育产业作为朝阳产业，其发展优势更为显著。在互联网、物联网、人工智能技术的推动下，青少年体育与不同行业跨界融合，衍生出许多新的业态和新经济模式，推动了青少年体育产业的快速发展。首先，体育与科技、场馆相融合，打造出智慧场馆、智慧校园赋能青少年体育教育、训练的价值已十分显著。其次，体育与科技、娱乐的跨界融合，打造出备受青少年青睐的虚拟现实体验馆、体感游戏等新产品，创新了青少年休闲运动新模式，并能促进青少年健康成长。一项为期 6 周的实验研究表明，体感游戏对儿童执行功能促进有一定的益处。③ 最后，体育与科技、商业跨界融合，形成了运动

① 柳鸣毅，刘松，敬艳，等. 建立青少年数字化体育服务机制的实践探索——基于全国青少年线上亲子体育活动的个案研究 [J]. 天津体育学院学报，2023，38（2）：150－156.

② 刘冬磊，崔丽丽，孙晋海. 构建体育产业创新生态系统的理论设计与路径研究 [J]. 体育科学，2023，43（9）：40－52.

③ 盖笑松，许洁，闫艳，等. 体感游戏促进儿童的执行功能：运动强度和认知参与的作用 [J]. 心理学报，2021，53（5）：505－514.

银行等新业态，可以通过智能设备记录个人运动数据并建立各种形式的激励机制，可以有效促进运动习惯的养成。除此之外，运动银行还蕴含着巨大商业价值，截至2021年运动银行开户总数已达2.6亿，月活跃用户量超过4000万，基于此打造超级闭环，可以形成巨大的体育产业生态系统，反映了青少年体育产业高质量发展的重要方向。①

四、青少年体育高质量发展新质生产力的对策

新质生产力作用下，新要素赋能青少年体育发展的效率与效益，新技术打造青少年体育发展优势、形成低碳绿色的可持续生活方式，新模式优化资源配置、塑造青少年体育发展的合力，青少年体育正实现提质增效发展。但总体而言，我国体育科技发展起步较晚，体育新质生产力的内生动力和应用领域还具有较大提升空间，因此要在“疏堵结合”的层面加大力度，既要加快培育体育新质生产力，又要妥善解决体育新质生产力应用于青少年体育过程中的棘手问题，实现体育新质生产力对体育强国建设的价值与贡献。

（一）加强数字体育基础设施建设，提供青少年体育信息化发展基础

新型基础设施是新质生产力发展壮大的关键支撑和重要物质保障，其内涵是指以新发展理念为引领、以技术创新为驱动、以信息网络为基础的，可提供数字转型、智能升级、融合创新等服务的基础设施体系。目前我国新型基础设施主要分为信息基础设施、融合基础设施和创新基础设施3个方面，其中信息基础设施是指5G、物联网等基于新技术形成的基础设施，融合基础设施顾名思义就是新技术与传统基础设施融合的产物（如工业互联

① 王辉．“运动银行”离我们有多远——《全民健身计划》给体育产业带来新契机［N］．中国体育报，2021－08－24（1）．

网），创新基础设施则是指能够支撑创新活动开展的基础设施。① 可以说，新型基础设施是新技术、新要素在全社会广泛普及的必要物质条件，青少年数字体育基础设施的建设应借助新基建的发展机遇，加强青少年数字体育基础设施建设，以完备的数字体育基础设施打造青少年体育高质量发展优势。首先，我国各级体育组织应充分利用创新科学技术，持续构建可服务于青少年体育发展的“双千兆”网络、卫星通信、区块链等新一代体育通信基础设施，打通体育新质生产力培育的“大动脉”，② 进而实现青少年体育信息的高效传输和互联互通。目前，5G、VR/AR 等网络信息技术在重大体育赛事传播中已发挥了重要作用，以及我国北斗卫星导航系统也已应用于青少年跑步比赛中。未来，还应持续探索信息基础设施应用于青少年体育的新领域，持续促进青少年体育数字化、信息化转型。其次，青少年体育开展主要依赖于体育场馆、场地，因此，应加快青少年体育融合基础设施建设，通过对体育场馆进行智慧化改造升级，打造集信息化、智能化、数据化于一体的数字体育基础设施新高地。特别是针对体育智慧场馆人脸识别技术成本高、门禁系统使用感不佳的问题，应实行技术的差异化改造和整体优化，③ 以新技术的更新换代促进智慧体育场馆等青少年体育融合基础设施建设。最后，数据、算力设施是新型基础设施的核心。要依托已有的算力设施，加快构建体育算力数据中心、体育超级计算中心，充分引入社会资金和资源参与以上新型体育基础设施建设，为青少年体育事业发展提供充足算力。此外，要加大体育算力设施的综合应用，除了将体育算力与青少年体育教育、训练、休闲健身相结合，更应鼓励体育算力计算路径、计算系统和计算方法的拓展创新，进一步拓展体育算力在青少年各领域的

---

① 国家发展和改革委员会．系统布局新型基础设施　夯实现代化强国先进物质基础［EB/OL］．（2021－11－29）［2024－05－28］．https：//www. ndrc. gov. cn/fzggw/jgsj/gjss/sjdt/202111/t20211129_ 1305567. html.

② 吴彰忠，钟亚平，张立，等．中国式现代化体育新道路：数字体育的使命与路向［J］．体育科学，2023，43（6）：3－12，20.

③ 傅钢强，魏歆媚，刘东锋．人工智能赋能体育场馆智慧化转型的基本表征、应用价值及深化路径［J］．体育学研究，2021，35（4）：20－28.

垂直应用。[①] 因此，要加快构建并形成以体育新技术为动力、以新一代体育通信网络为基础、以体育数据和算力设施为核心、以体育融合基础设施为突破的青少年数字体育基础设施体系，从而夯实青少年体育信息化发展基础，促进青少年体育高质量发展、大力发展新质生产力。

（二）加大体育新技术及标准研发力度，培育青少年体育科技化发展动能

科技创新是推动新质生产力发展的核心因素，也是推动青少年体育事业高质量发展的内在动力，提升体育新质生产力的关键在于推进青少年体育科技创新自立自强。相关调研数据显示，国内用户普遍认为智能体育产品科技感低于预期（占41.4%），[②] 总的来看，我国体育科技的自主创新能力和整体竞争力还有待提升。一方面，要加大青少年体育新技术研发力度，促进技术的转化应用；另一方面，则要研制相应的技术标准，以保障青少年体育新技术的高质量。首先，在顶层设计层面，应围绕提升青少年体质健康、竞赛成绩来制定总体发展规划。近年来，我国印发了《“十四五”体育发展规划》，其中包含了青少年体育数字化发展的重点建设项目和数字体育建设工程，为青少年体育新技术的开展提供了政策支持。但总体而言，文件中对青少年体育技术发展的指导主要在理论层面，更需要我国政府在实践过程中为相关科研机构及组织提供物质上的支持。其次，实践中，要利用物联网、大数据、人工智能等技术，开发智能化的体育产品和服务，如契合青少年身心特点的智能运动器械、运动数据分析系统等，提升青少年体育产业的科技含量和用户体验。再者，要广泛拓展新技术的应用范围，推动体育新技术有机融入青少年科学训练、科学健身、绿色场馆建造之中，诚然，如前文所述，目前我国创新材料、能源与技术等已充分应用于青少年体育各领域，并取得了丰富的经济和社会效益。随着新一轮奥运周期的

---

① 韩松，余锦洋，陈宗科．体育算力的基本内涵、测度体系及发展研瞻［J］．河北体育学院学报，2024，38（3）：1－12.

② 艾瑞咨询．中国运动健身行业发展趋势白皮书［EB/OL］．（2018－12－08）［2024－05－10］．http：//report. iresearch. cn/report/201903/3345. shtml.

到来，更要将黑科技合理应用到兴奋剂的智慧防控中，① 打造“干净”的体育赛事，促进青少年身心健康发展。此外，要提升青少年体育科技转化能力，推动体育科技与健康医疗、旅游休闲、教育培训等产业的深度融合，进而促进科技成果的孵化和转化。当前我国与世界体育强国之间还存在一定的科技差距，要持续通过“科学攻关”和“科技服务”助力青少年体育发展，但在青少年训练过程中，大量新的训练理论和方法应用于训练实践的程度还不够，说明我国青少年训练组织人员还需要进一步加强科技引领竞技体育的意识。② 同时，政府和相关部门也应当加大政策支持和资金投入，制定相关政策和提供资金支持、鼓励青少年参与体育科技创新；可以积极创办体育科技大赛、体育科技用品展览会等形式搭建体育科技成果转化、展示和交易的平台，推动体育科技的效益转化。最后，标准决定质量，高质量发展需要相应的高标准作为支撑。2021 年我国印发《国家标准化发展纲要》，明确了标准化发展的指导思想、发展目标、重点任务和重要举措，其中更是把推动标准化与科技创新互动发展作为主要任务之一，表明了关键技术制定标准的重要性。③ 对青少年体育技术、新材料器材而言，更应制定符合青少年身心发展特点的标准，既有利于相关技术的规范化、规模化转化，又能够以高标准规格提高我国青少年体育新科技的国际影响力。加大新技术和相应标准研发力度，可以培育青少年体育科技化发展新动能，持续推动体育新质生产力更新升级。

（三）完善体育数字平台管理与数据保护，形成青少年体育规范化发展保障

数字平台、数据库是提升新质生产力的重要载体。青少年参与体育活动、体育消费的过程中会产生大量体育数据，数字化平台则能为青少年体

---

① 张小林，张钊，朱麒瑞．发展新质生产力　加快推进体育强国建设［N］．中国体育报，2024－03－18（07）．

② 冯连世．改革开放 40 年中国体育科技发展与思考［J］．体育文化导刊，2019（3）：6－10．

③ 郭静原．推动标准化与科技创新互动发展——用高标准助力高质量［N］．经济日报，2021－11－02（08）．

育数据的储存与管理带来巨大便利，通过云平台记录青少年健康档案、运动数据，可以实现青少年健康的动态监测。在数字化平台加速青少年体育发展的同时，也带来了很多新情况、新问题，特别是知识产权、个人隐私保护、数据泄露的问题。有调查数据显示，70%的体育组织每年至少遭受一次网络攻击，其中有30%的网络攻击造成了直接的经济损失。① 数字化平台是青少年数字体育服务良性发展的载体，应充分重视其安全管理与数据保护。其一，鉴于我国当前青少年体育数据资源体系尚不完备的现状，应加快我国体育数据库建设，逐步建成覆盖青少年体育器材、青少年体质监测、青少年运动训练、青少年体育产业、青少年体育科技等专业数据库和知识库。在这一方面，上海体育学院陈佩杰教授带领的课题组基于“中国儿童青少年体育健身大数据平台建设研究”课题，开展了广泛调研与平台设计开发工作。未来，我国可以继续沿用课题资助的形式促进相应数据库的开发建设。其二，强化数据安全保护。一方面，可以加强技术“硬处理”，通过数据封装、数据加密、数据分离、去除学生标识信息等措施实现最大限度保护青少年用户隐私；另一方面，可以建立数据分析的内部规范，实现“软保护”，如设置体育数据分析的禁区，禁止对青少年进行体育课或者比赛之外的数据追踪与分析，禁止将青少年个人数据用于商业合同的谈判等。② 其三，体育数据资源开发利用过程中常存在着产权界限不明、数据隐私泄露等方面问题，③ 但相应的政策文件和法律法规尚未建立，因此应完善青少年体育数字立法，制定数据知识产权和安全保障制度，确立和保护有关主体的数据权益。同时要建立体育数据使用事先和事后的审查制度，加强对体育数据隐私泄露等问题的监管和惩处制度，以提供充足、安全的数据资源，不断提高青少年体育数字治理的法制化水平。

---

① WSA. Cyber Threat to Sports Organisations [EB/OL]. (2021-02-09) [2024-06-04]. https://wsa.wales/cyber-threat-to-sports-organisations/.

② 胡旭忠，徐伟康. 体育分析中运动员个人数据保护的研究 [J]. 体育与科学，2021，42 (2)：89-93，120.

③ 潘玮，沈克印. 数字经济助推体育产业高质量发展的理论基础、动力机制与实施路径 [J]. 体育学刊，2022，29 (3)：59-66.

（四）优化体育人才培养模式，强化青少年体育人才科学化培养力度

人才是新质生产力形成的智力来源，加强青少年新质人才培养是促进体育新质生产力发展的基础。有学者提出了数智时代新质人才应具备的特征，主要表现为以下6个方面：具备持续成长心态与高意识学习特质；具备人机协同能力；拥有人文精神与科技合伦行动力；具备开拓精神与跨边界学习能力；拥有创想能力与实践智慧；具备人类共同体思维与跨文化合作能力。① 以上特质同样适用于体育新质人才的培养。对于青少年体育人才培养而言，要从教育的各个阶段和层次综合发力，充分利用新技术打造一体化新型人才培养模式，以具备高素养的青少年体育人才为体育事业高质量发展注入源源不断的智慧源泉。首先，在青少年体育基础教育中，应加强体育教学过程中的数字技术覆盖程度和多学科知识的传授，要在体育教学过程中充分利用数字技术和数字课程资源，建设教学视频库、课件库、实践案例库、在线试题库，有效促进课堂互动，实现教学活动紧密衔接与深度融合，营造积极的学习氛围，帮助青少年在线上线下融合的教学环境中掌握体育技能、增长数字技术应用能力、深刻体会人工智能对社会发展的重要作用，还要通过AI体育理论课程的开展，提高青少年对人工智能基本知识的了解、树立知识产权意识，奠定良好的人工智能意识、思维和适应能力。其次，在青少年体育高等教育中，则要充分开展跨学科体育人才培养，以塑造复合型新质体育人才。一方面，可以通过国际交流、中外合作办学的形式加强对体育人才的培养，确保他们掌握最新的体育科学理论、先进的训练方法和体育信息技术应用。另一方面，需要进一步建立健全体育人才培养体系，如北京体育大学成立了“体育工程学院”，开设“智能体育工程”“生物医学工程”“数据科学与大数据”三大专业，培养了具备体育、数学、计算机科学等交叉学科背景的智能体育人才；② 北京大学、同济

---

① 祝智庭，戴岭，赵晓伟，等．新质人才培养：数智时代教育的新使命［J］．电化教育研究，2024，45（1）：52－60.

② 周铭扬，罗亮，缪律，等．社区青少年体育数字治理的理论逻辑与实现路径［J］．天津体育学院学报，2023，38（2）：164－170.

大学、首都体育学院等高校均开设了体育人工智能研究中心或是相关课题组，通过体育人工智能科研平台培养高素质体育人才。以上举措为高校体育新质人才的培育提供了可借鉴模式。最后，体育职业教育作为我国高技能体育人才的培养摇篮，要积极通过产教融合创新体育人才培养模式，如相关院校可以聚焦“体育＋健康”产业，建成集实习实训、创新创业、科学研究、培训服务和科普教育于一体的产教融合健康服务平台，通过协同办学培养高素质体育人才。总之，培养新质体育人才要贯穿体育教育全过程，实现以高素质体育人才托举体育高质量发展未来。

（五）催生数字经济新业态、新模式，提高青少年体育产业发展质量效益

体育产业是支撑体育新质生产力形成的重要因素，① 要基于数字技术不断开辟体育产业发展新业态新模式，通过改造提升青少年体育传统产业，培育壮大青少年体育新兴产业，布局建设青少年体育未来产业，促进体育产业现代化发展质量与效益的全面提升。首先，应充分促进数字技术连接传统产业，打造青少年体育产业融合发展新模式。如可以采用线上线下融合、智能化服务等新模式，不断丰富完善在线体育培训、线上亲子运动等青少年体育服务，以满足不同青少年的多样化体育需求，帮助青少年在沉浸式体验中促进身体健康，构建绿色可持续的体育服务生态。其次，要充分利用数字技术与体育产业相结合，形成“体育＋”“＋体育”的创新发展模式，在技术支持下促进青少年体育产业与健康、旅游等产业的融合发展。如通过智能手环、移动设备对青少年健康数据追踪和分析，提供个性化的健康管理和咨询服务，帮助青少年形成健康生活方式；开发线上线下交融的青少年体育旅游项目，线下让青少年开展户外徒步、骑行等绿色低碳体育旅游，线上则通过可穿戴设备收集运动数据，以步数点亮地图、步数换运动奖牌的形式调动运动积极性，通过虚实结合促进旅游业和体育产业的协同发展，实现经济社会效益的多赢局面。再其次，可以通过电子竞技、

① 梁立启，陈琦．体育新质生产力的理论向度与实践进路［J/OL］．广州体育学院学报，1－14［2024－05－26］．http：//kns. cnki. net/kcms/detail/44. 1129. g8. 20240405. 1929. 004. html.

极限运动、虚拟现实体育等新兴体育项目发展新兴体育产业，其中虚拟现实体育已开拓了青少年体育产业的多种新业态，如元宇宙+体育藏品，形成了体育赛事吉祥物、赛事门票、球星卡等新兴体育消费产品；① 电子竞技作为发展空间足、从业领域广、人才需求大的新兴体育产业，要逐渐形成标准化的电竞选手培养体系，不断推动上游授权、内容生产、内容传播等电竞产业链环节发展，为体育新质生产力提供发展新动能。最后，要加快发展体育未来产业，尤其是加快体育基因技术等前沿技术产业化，推动5G/6G、元宇宙、人工智能等技术赋能新型体育康养服务，研发融合数字孪生、脑机交互等先进技术的高端健康设备与用品，加快形成体育新质生产力，为体育强国建设提供有力支撑。

---

① 叶海波．元宇宙赋能体育产业：经济特征、主要场景和发展策略［C］//中国体育科学学会．第十三届全国体育科学大会论文摘要集——专题报告（体育产业分会）．哈尔滨：哈尔滨体育学院，2023：3.

第五章
体育新质生产力全民健身论

随着数字化、网络化、智能化为主要特征的新一代信息技术在体育领域的深度应用，搭建了以新技术、新价值、新要素、新业态、新模式、新动能为核心驱动力的新型体育产品与服务、体育推广与发展生态体系、体育协同治理与要素融合模式，大幅提升了全民健身的科学化程度，推动全民健身运行与供给的转型升级，为全民健身高质量发展提供选择方向和前进动力。目前，全民健身领域已经迎来了全新的智能化、数字化时代，获得了进一步转型升级的契机。鉴于此，必须加大推进全民健身与科学技术的深度融合，提高科技创新能力，加快推动全民健身高质量发展。

一、新质生产力赋能全民健身高质量发展的内涵与特征

新质生产力是立足当前中国社会发展现实条件，着眼于未来发展前景提出的具有创新性的概念，符合我国高质量发展的内在要求和总体方向。新时代全民健身提升至前所未有的高度，发展理念和实践样式在实现巨大飞跃的同时也在不断更新。对此，基于新质生产力的内涵和本质，结合全民健身数字化、智慧化转型的内在特征和价值，对新质生产力赋能全民健身高质量发展的内涵与特征进行论述。

（一）新质生产力赋能全民健身高质量发展的基本内涵

新质生产力，是适应中国式现代化和数智化时代发展要求的，以人工智能和机器人为新生产工具，以数据为新生产要素，以新型高素质人才等

工作者群体为主要劳动者，以新材料、新能源为主要劳动资料和劳动对象的生产力。总的来说，新质生产力是以新质劳动者、劳动资料、劳动对象及其优化组合的跃升为基本内涵，是以新兴科技创新为根本驱动力，以战略性新兴产业和未来产业为载体，以高质量发展为目标，以数字化和绿色化为时代特征，融合了人工智能、大数据等新技术、新要素，能够显著提高生产效率和人类生活质量，适应新时代、新经济、新产业的新性质的生产力。

高质量发展的内涵理应属于集聚产业范畴体系，但是目前各个领域研究均在讨论高质量发展，倘若缺乏高质量发展确切含义、高质量发展概念泛化，难免出现研究方向的异化现象。本文讨论全民健身高质量发展的基本内涵从以下几个方面理解：一是从全民健身的价值取向来看，体育健身公共服务惠及广大人民群众，满足健身需求，全民健身体育公共服务具有可及性、具有实效性，其高质量发展是要实现均衡、协同发展；二是从全民健身的服务过程来看，其高质量发展是保证为广大人民群众健身提供更加便捷、更加高效的标准化、智能化、安全化的产品和服务；三是从全民健身工具来看，其高质量发展要实现广大人民群众享有数字化、智能化的健身场地设施、健身指导。总之，全民健身高质量发展不仅要看其投入和产出，更要看其是否能为广大人民群众提供具有现代化技术支撑的健身体育公共产品和服务，其本质上是提高全民健身运动的科技含量和技术水平，从而使全民健身运动顺应数字技术、高端算法、AI 大模型发展趋势，在智能健身设备、运动健身数据分析技术和虚拟现实技术系统中实现广大人民群众健身的获得感、幸福感和安全感。而以数据要素、新技术、新价值、新业态、新模式、新动能为主体的新质生产力在高质量发展中起着基础性、全局性的作用，其产生的效益对于全民健身高质量发展是必然结果。因此，新质生产力与全民健身高质量发展具有内在逻辑性、客观必然性。

基于上述观点，新质生产力赋能全民健身高质量发展的基本内涵可以从以下几个方面来理解：（1）新质生产力将要赋能全民健身运动的数据要素和新技术，从而推动其高质量发展。全民健身运动中的新质生产力体现出全民健身领域的关键性技术和颠覆性技术的突破与劳动者、劳动资料和劳动对象深度融合跃升。首先，就全民健身的劳动者来看，与全民健身相匹配的是全民健身指导，科研和基层组织的知识型、技能型、创新型人才，他们不仅要掌握体育单项专业技能，还要能够熟练运用智能化服务、数字技术、云计算、人工智能等手段，同时兼具管理、技术、服务等能力；其次，就全民健身的劳动资料来看，与全民健身相匹配的劳动资料包含数字技术、高端算法、AI大模型等新兴科学技术的智能健身设备、运动数据分析技术和虚拟现实技术系统；再其次，就全民健身的劳动对象来看，与全民健身相匹配的劳动对象范围也在不断扩大，其不仅包含各类运动设施产品所需原材料等实物对象，也包含健身爱好者、运动员、体育消费者及生产运营中产生的各类数据、信息等及虚拟对象。（2）新质生产力将要赋能全民健身运动的新价值和新业态，从而推动其高质量发展。新质生产力是开辟体育新领域、新赛道，塑造新动能、新优势的重要突破口，衍生出体育领域的新价值、新业态，实现体育领域的技术革命性突破与劳动者、劳动资料和劳动对象的融合跃升，带动体育领域的深刻变革，促进体育事业的高质量发展，推动着新时代全民健身事业的全面提升，应用“大数据，云计算，人工智能，互联网+等数字技术推动全面创新驱动”，以此引发全民健身理念、方法与技术的变革，提升体育社会价值和经济效益中形成的全民健身运动的新价值、新业态，从而带动全民健身高质量发展。（3）新质生产力将要赋能全民健身运动的新模式和新动能，从而推动其高质量发展。新质生产力是全民健身运动技术升级、价值创新的重要驱动力，也是全民健身高质量发展的重要着力点。一是要推动构建全民健身多元主体协同治理新模式。新质生产力将成为推动全民健身发展的强大引擎，其中海量数据作为重要的生产要素，能够重塑服务流程，消除政府、社会和大众之间的沟通屏障，形成以数字技术为主体的治理体系。二是扩大全民健身的人群覆盖面。新质生产力推动融合人工智能、大数据等新技术、新要素，精准把握群众需求、主动迎合群众需求，利用线上与线下联结和信息互联互通，形成全民健身运动发展新动能，从而促进满足不同区域、不同人群的健身需求。三是推动全民健身提质增效。在全民健身高质量发展进程中应用新模式、新动能，从而保障全民健身运动“供”与“需”的平衡，也实现了全民健身运动“质”与“量”的和谐统一。加快以新质生产力赋能全民健身高质量发展，合理向需求侧匹配健身服务资源，最终实现全民健身资源的合理匹配，达成需求侧与供给侧的动态性平衡，进而带来全民健身运动质量变革、效率变革、产出变革，最终实现其高质量发展目标。

（二）新质生产力赋能全民健身高质量发展的主要特征

立足于历史时期和实践要求，新质生产力是对马克思主义生产力理论的守正创新，又是对马克思主义生产力理论中国化、时代化的创新发展。加快以新质生产力赋能全民健身高质量发展，催生全民健身新技术、新价值、新业态、新要素、新模式、新动能，充分运用新一代信息技术，不断提高自主创新能力，着力提高服务质量和效率。因此，从全民健身关键技术的创新性、全民健身供给模式的高效性、全民健身需求管理的精准性、全民健身转型升级的动态性和全民健身资源要素的融合性五个方面来阐述新质生产力赋能全民健身高质量发展的主要特征。

1. 全民健身关键技术的创新性

新质生产力是以科技创新为核心的一种新型生产力。相较于传统生产力，新质生产力在领域和技术上都有“质”和“量”的突破，能够催生新产业、新模式、新动能，是发展新质生产力的核心要素。加快以新质生产力赋能全民健身高质量发展是一种新的观念，其创新性表现在价值观念、科技驱动和多元交互上，为全民健身高质量发展带来了可能。回顾现实层面，科技创新为全民健身提供了更多元、便捷、有趣的选择，全面融入人们的日常生活，如体现在智能运动的实时监控、健康管理的科学应用、健身领域的大数据分析等方面，不断促使人们更积极地参与体育活动。我国的科技创新已经进入新阶段，“基于推理和知识、依赖于交互学习和记忆的新一代人工智能，为全民健身带来更广阔的发展空间”①。因此，应充分利用科技创新成果，在科技竞争和未来发展中占据制高点，成为全民健身科技领域的领军者和新兴前沿领域的开拓者。

2. 全民健身供给模式的高效性

新质生产力既包含了传统生产要素的“质量升级”，又蕴含着智能化新

---

① 李若洋，钟亚平，吴彰忠．数字赋能全民健身高质量发展：基本内涵、逻辑理路与实践转向［J］．山东体育学院学报，2023，39（6）：11－18.

型生产要素的嵌入与融合。相较于传统生产力，新质生产力的形成和发展会全方位带来提质增效作用，有利于实现产业升级和经济高质量发展。在全民健身领域，则既需要保障服务的“数量”、提升服务的“质量”，同时也要实现服务“速度”和“效益”的协调一致。现阶段，以全面、精准、高效为特质的新一轮技术手段，应用于全民健身个性化定制、实时监测、虚拟体验、社交互动和大数据分析等多个层面，为全面推动全民健身高质量发展提供了坚实的技术支持，实现了全民健身的高效供给。例如，Keep、悦动圈等健身 App，抖音、B 站等直播平台，可以精准刻画用户画像，将海量健身资源进行实时推送，为观众提供丰富的健身方法和指导动作，既保障了全民健身服务“数量”和“数量”，又实现服务“速度”与“效益”的统一。因此，要不断突破技术、创新生产要素配置，在全民健身中发挥提质增效作用。

3. 全民健身需求管理的精准性

生产力在生产过程中产生的物质力量，与各行业、各领域紧密相连，并在社会再生产各个环节发挥重要作用。① 从人民的角度出发，全民健身要瞄准更多人民群众的体育锻炼需求，要对人民群众一般性、个性化、分级化的需求进行战略性统筹。近年来，人民群众通过体育健身获取健康的热情日益高涨，全民健身成为社会关注的热点。当前，人民群众锻炼中的“不平衡不充分”问题依然严重，传统的全民健身中存在片面性、碎片化、粗放式等缺陷，显现出单一化供给、有限性供给、滞后性供给与无效性供给等诸多问题，无法对人民群众多样化、差异化的体育需求进行科学、精准识别，严重制约了全民健身精准化管理和治理。因此，要借助科技创新的大好机遇，尽可能地将健身人群与健身场景、服务内容、服务资源等串联起来，满足群众个性化、体验化全民健身服务。

4. 全民健身转型升级的动态性

生产力的本义是通过生产要素的组合运用提供产品和服务的能力。随着要素条件变迁和市场需求变化，生产力必然是与时俱进、不断更新的，

---

① 杜传忠，疏爽，李泽浩. 新质生产力促进经济高质量发展的机制分析与实现路径［J］. 经济纵横，2023（12）：20－28.

因此具有动态性的特征。我国的全民健身战略发展，在不同经济社会发展阶段蕴含着不同的价值取向，也是中国式现代化下的体育发展在群众体育领域的具体体现。柯亨主张需要原则主导平等配置资源的方式，即根据需要给予其所得，因为他认为市场本身不产生正义，这种分配方式需要政府具备足够资源禀赋。① 新时代的全民健身越发注重全面化和数字化，聚焦从人民需要出发，以为人民服务为宗旨，以新的科技手段带动全民健身的发展，推动全民健身与数字技术的融合发展态势。因此，在加快形成新质生产力战略基础上，要用科技创新推动全民健身产生更大成就，以新质生产力不断推动全民健身高质量发展。

5. 全民健身资源要素的融合性

新质生产力中的生产要素具有融合性的特征，“其参与价值创造、发挥倍增效应需要与资本、劳动、技术等其他生产要素相互联合，即其进入生产各环节时需要以深度融合机制作为其特征实现和价值发挥的重要基础”②。随着体育改革的不断深入，“全人群共享、全社会参与、全周期服务、全地域覆盖、全球化合作的大群体观”③ 日益凸显。从价值层面来看，全民健身融合性发展，一是推动全民健身各部门协同和社会参与，形成多主体协同治理模式，促进全民健身与全民健康的深度融合；二是推动全民健身与其他产业融合发展，使全民健身新现象、新业态不断涌现，高端化、智能化、个性化的全民健身更加契合广大人民群众的多元化健身需求；④ 三是推动新知识、新技术、新数据等高端创新要素的融合，将各种人群、运动项目、健身环境、科技等因素融合在一起，以促进更广泛、更多样化的健身参与和体验。因此，在加快形成新质生产力战略下，全民健身以理念、制度、政策的顶层设计融合，进而催动新技术、新要素、新人才的融合发展。

---

① 刘擎. 西方现代思想讲义 [M]. 北京：新星出版社，2021：232.

② 钞小静，王清. 新质生产力驱动高质量发展的逻辑与路径 [J]. 西安财经大学学报，2024，37 (1)：12-20.

③ 柳鸣毅，丁煌，闫亚茹，等. “体育强、中国强” 的学理阐述：习近平总书记体育思想初探 [J]. 武汉体育学院学报，2018，52 (1)：5-11.

④ 张涛，刘红建. 新时代全民健身与多业态融合发展路径研究 [J]. 南京体育学院学报，2022，21 (2)：23-28.

二、新质生产力赋能全民健身高质量发展的内在逻辑

在科技革命的主导下，现代化实质上促进了生产力向信息化与智能化的转变。聚焦全民健身高质量发展，《全民健身计划（2021—2025 年）》《关于构建更高水平的全民健身公共服务体系的意见》中明确提出，利用数字技术提升全民健身智慧化、科学化水平，推动全民健身高质量发展。基于“体育新质生产力是以新技术、新价值、新要素、新业态、新模式、新动能为本的新型生产力”①②。本研究认为，新质生产力赋能全民健身高质量发展的内在逻辑体现在以新质生产力的新技术促进全民健身转型升级、以新质生产力的新价值引领全民健身绿色发展、以新质生产力的新要素实现全民健身服务共享、以新质生产力的新业态推动全民健身提质增效、以新质生产力的新模式优化全民健身结构布局、以新质生产力的新动能激发全民健身人才活力。

（一）全民健身在新质生产力发展中获得转型升级的新技术

新的创新和技术进步会通过破坏旧有的生产方式、市场结构和经济秩序，塑造新的生产方式和市场模式。马克思曾指出，资本家为追求剩余价值而进行创新，这在客观上促进了社会生产力的发展。③ 与依赖传统大规模能源消耗的生产方式不同，新质生产力的核心特征在于其依赖创新推动的发展。在数字经济时代，以新技术革命的孕育、爆发及其在各产业领域的广泛融合和渗透，要素生产力的地位下降，组合生产力的地位则进一步提升。

伴随着现代技术的创新发展与广泛运用，全民健身的智慧化、数字化转型升级已成为时代所趋，不断以新技术促进全民健身转型升级。现代信

---

① 布特，苏立德，郑澜．体育新质生产力的内涵特征、价值与形成路径研究［J］．北京体育大学学报，2024，47（3）：1－12.

② 布特，苏立德，郑澜．体育新质生产力探究［J/OL］．天津体育学院学报：1－7［2024－04－22］．http：//kns. cnki. net/kcms/detail/12. 1140. G8. 20240419. 1527. 004. html.

③ 马克思，恩格斯．马克思恩格斯选集：第 2 卷［M］．北京：人民出版社，2012：204.

息技术在居家健身、社区健身以及俱乐部健身等领域中不断深化，例如2020年3月，上海市嘉定区举办了名为“全嘉来赛”的上海市首次线上运动会，通过网络将健身爱好者集聚起来，鼓励大家依照规则将居家开展体育活动以视频形式上传，利用人工智能技术进行评分排名。全民健身要走智慧化发展道路，紧紧围绕人民群众需求，[①] 提升全民健身科技支撑能力，以关键技术创新发展与应用促进全民健身数字化、智慧化转型升级。一方面更好地优化了供给与需求间的匹配关系，为健身人群提供实时高效、智能便捷、互联互通的健身服务，也为政府提升全民健身治理绩效释放和提供了驱动力；另一方面“还有助于实现智慧化健身公共服务数据信息的共享，以及劳动力、资本等要素同技术的协同发展，以揭示数据潜藏的重要信息和应用潜力，并归纳出常规数据分析难以察觉的潜在模式”[②]。例如，VR 健身房在游戏中为用户提供了一整套的力量训练方案，在 Black Box 的体验中，健身游戏玩法类似防守类游戏，可以训练身体的六大部分，动作涵盖了胸、背、肩膀和腿部肌肉等，也会根据力度强弱分成三个等级，最高的拉环力量可以达到240磅。这种虚拟健身摆脱了传统枯燥的训练模式，在游戏中既有游戏的快感，又有竞技体育带来的自我挑战。

（二）全民健身在新质生产力发展中形成绿色发展的新价值

新质生产力具备绿色可持续发展的内在特征，强调维持生态平衡、促进人与自然和谐发展，它摒弃了损害、破坏生态环境的发展模式，是环境友好型、资源节约型的生产力。习近平总书记在主持中共中央政治局第十一次集体学习时强调，加快发展新质生产力，新质生产力本身就是绿色生产力，要充分认识绿色发展是高质量发展的底气。加快形成新质生产力意味着要推动生产力绿色化的转型，以绿色技术驱动绿色产业发展、壮大绿

---

① 布特，万斌，邹新娴．基于中国式现代化的体育现代化哲学分析［J］．北京体育大学学报，2023，46（1）：56－66．

② 白晶．全民健身场地设施智慧化转型的逻辑理路、现实困境与优化路径［J］．吉林体育学院学报，2023，39（3）：67－73．

色经济规模，走资源节约、生态友好的发展之路。① 而绿色化转型发展尤其要靠科技创新的引领与支撑。就体育而言，体育的绿色发展推动了体育“产业结构、能源结构、消费方式的绿色转型与升级”②，解决了体育发展的开源与节流问题。

随着我国生态文明建设不断推进，绿色发展为解决传统模式弊端提供了出路，也为各行各业可持续发展带来了大量发展机遇。全民健身本身具有绿色、低碳、健康等自然特性，与资源节约、环境友好的绿色发展保持内在的一致性。随着体育相关政策利好不断出现，科技不断发展，发挥数字生产力绿色节能性的特征，催生了全民健身发展的新形态。如泰山体育将大数据、云计算、移动互联相融合，年产 2000 万平方米新材料人造草坪智能化生产线正式投产，草坪新项目采用工业 4.0 模式，填补了国内运动化学草的空白。加快以新质生产力赋能全民健身高质量发展，积极引入数字化技术，以新价值推动全民健身绿色发展，一是“贯穿全民健身发展理念、制度、机制以及资源全过程，通过定标准、控规模、强监督等全方位提升绿色场馆设施建设、环保健身产品制造以及赛事活动举办等重点领域的生态化水平”③；二是向低碳发展方式转变，依托场馆开展各项全民健身活动，“使绿色低碳化的发展方式成为时代新时尚，使绿色健康的体育生活方式成为社会新风尚”④，赋能全民健身低碳化发展。例如，杭州亚运会所建造的“无废亚运场馆”，场馆的设计理念旨在通过采用先进技术和节能设备，来减少建筑过程中产生的废弃物，并推动能源效率的提高。场馆在设计建造上采用轻量化钢结构与节能设备，设置变频给水系统、空气源热泵集中生活热水系统、雨水回收系统。此外，空调系统的设计充分考虑了比赛期间与赛后的运营需要。为了适应不同的比赛环境，空调系统采用一次泵变流

---

① 石建勋，徐玲．加快形成新质生产力的重大战略意义及实现路径研究［J］．财经问题研究，2024（1）：3－12.

② 赵晚晴，赵轶龙，叶海波，等．新时代体育融入生态文明建设的逻辑机理、原则导向与实践路径［J］．成都体育学院学报，2023，49（2）：45－51.

③ 雷正方．新时代全民健身高质量发展的科学内涵、问题指向与实践旨归［J］．成都体育学院学报，2024，50（1）：17－26.

④ 戴健，史小强，程华．“十四五”时期我国全民健身发展的环境变化与战略转型［J］．体育学研究，2022，36（5）：1－8.

量系统，这种方式使得空调水泵能够根据实际需要进行变频运行，既可以节省电能又能保持室内温度适宜。而在赛事结束后，场馆将切换到变冷媒多联体空调系统，保证了场馆使用的灵活性。在日常管理和运行方面，场馆致力于全面推进减量化、资源化和无害化，将“无废”元素融入每一个细节之中。充分利用原有建筑空间，实现了“能改不建”的理念，这不仅节约了成本，还减少了不必要的资源浪费。场馆还全面落实了亚运赛事门票无纸化制度，提倡电子注册、电子办公，推行“无瓶行动”等。从赛前的建设筹备，到赛中赛事运行过程当中生活垃圾的回收、处置、无害化处理，再到赛后的设施维护和再次使用，每一步都体现了对城市绿色品质提升和体育绿色发展理念践行的决心，不仅使体育赛事更加绿色、环保，也让体育成果真正惠及了广大民众。

（三）全民健身在新质生产力发展中实现共享共生的新要素

随着现代化进程的推进，生产力要素随着时代演进而发生变化。在工业化时代，物质生产力占据主导地位，生产力的基本要素主要包括劳动、资本和土地，其中资本和劳动力被认为是核心要素。根据要素禀赋理论，随着经济积累和要素价格的变化，传统生产要素在粗放式发展阶段逐渐转变或被新型要素所取代。这种新型生产力的要素范畴不仅包括传统要素的“质量升级”，还包括数字经济时代下以数据要素为代表的数字化与智能化新生产要素的融入和融合，由于其具有依附倍增性和集约替代性等独特特征，超越了传统要素的基本属性与价值创造的能力，有助于推动生产工具、设备、生产方式以及资源配置方式的不断改进，进而推动物质生产力的创新。

在全民健身领域，以数据为代表的关键生产要素，通过数字技术与全民健身的深度融合，为全民健身服务共享提供了更智能化、个性化和高效化的支持，推动了健康生活方式的普及和发展。如上海的“来沪动”、浙江的“浙里办”、广州的“群体通”、厦门的“i 健身”、贵州的“易动体育”等 App 体育公共服务板块，充分调动了群众健身热情、提高了参与者的运动技能、保障了群众的身心健康。① 虽然实践过程中供需两端间的差距较为

---

① 谢正阳，周铭扬．人工智能与公共体育服务融合发展的逻辑、价值与路径［J］．北京体育大学学报，2021，44（12）：176－184.

明显，但是通过智能技术以及数字化传播效能，能够弥补全民健身服务的供需两端差距，尤其是针对弱势群体的健身以及个性化需求的健身。以大数据分析为代表的新生产要素降低了弱势群体健身的困境。基于空间、时间和人的维度，对数字化在全民健身智慧化中的应用进行多层次、全方位、跨界性的思考，① 使得全民健身服务能够实现全天候、跨地域、不间断的实时递送，突破传统服务供给的时空约束。通过数据分析，可以实时监测弱势群体的健身进展和反馈，及时调整和优化健身计划，提高他们的健身效果和参与度。同时，以大数据分析为代表的新生产要素解决了个性化健身需求的难题。利用大数据作为新生产要素，个性化健身服务可以通过收集、分析用户的健康数据并结合运动模式、身体适应性和风险因素等方面的科学依据，以实时监测和持续优化的方式，为用户提供个性化的健身方案和实时反馈，从而提升健身服务的科学性和有效性。

以 VR 健身来说，一方面，使用户运动的能量消耗增多。在 VR 健身游戏里，可以根据用户想要的运动体验，从而得到相同的肌肉锻炼。美国虚拟现实健康与运动研究所的创始人兼总监 Aaron Stanton 以及运动学助理教授兼首席研究员 Jimmy Bagley 博士通过研究实验得出，大部分现在的线上 VR 运动游戏的卡路里消耗都达到了和现实世界运动的同等水平，在所有的 VR 游戏中，大约 15% 的游戏会带来中等到高强度的运动消耗，类似拥有非常绚丽的游戏环境背景以及强化的位移玩法，所消耗的卡路里达到了每分钟 10 ~ 13 kcal，每小时能消耗 300 ~ 390 kcal，相当于山地骑行的消耗量；拳击游戏 Thrill of the Fright 打到每分钟 8 ~ 10 kcal 的消耗，每半个小时能消耗 240 ~ 300 kcal，相当于赛艇的消耗量；节奏空间游戏每分钟卡路里消耗已经达到了 6 ~ 8 kcal，每半个小时能消耗 180 ~ 240 kcal，相当于日常打网球的运动量；绘画软件 Tilt Brush 每分钟的卡路里消耗也达到了 2 ~ 4 kcal，每半个小时能消耗 60 ~ 120 kcal，相当于人们日常步行的消耗。而相对传统的直播跳操健身模式卡路里消耗平均在每半小时 223 ~ 250 kcal。另一方面，使健身运动的新鲜感增强。传统的直播健身模式已经逐渐被新兴的 VR 技术所

---

① 冯振伟，田丰，陈召，等. 全民健身智慧化的条件诉求、阻滞因素与优化路径 [J]. 沈阳体育学院学报，2022，41 (4)：71 – 77.

取代，后者给健身界带来了前所未有的新鲜感和体验感。直播健身不仅是明星们展示健康生活方式的平台，更是观众与明星互动、交流心得的场所。通过实时视频直播，让用户能够近距离观察到明星们的日常健身状态，同时也能在直播间中提出问题，获得反馈，这种互动性极大地增强了观众的参与感和归属感。

VR 健身技术的兴起证明了科技的力量能够显著提升我们日常运动的效率和效果。通过模拟真实的运动环境，VR 健身游戏让用户能够在家中就达到与专业运动相近的能量消耗水平，这无疑是对传统健身方式的一次革新。同时，VR 健身以其独特的游戏性和沉浸感，大大增强了运动的趣味性和吸引力，使得原本单调乏味的健身活动变得充满新鲜感和挑战性。更重要的是，VR 健身技术促进了健身活动的社交化和互动性，增强了用户的参与感和归属感，也推动了健身文化的传播和发展。未来，我们期待看到更多科技与健身相结合的创新产品，为人们的健康生活带来更多可能。

VR 技术的应用远远不止于此。它以其独特的 3D 视觉效果，为用户创造出身临其境的健身体验。当戴上 VR 设备时，人们仿佛置身于一个虚拟的健身房中，可以选择各种运动场景和游戏体验，每种运动都有详尽的指导和实时的反馈。此外，VR 还提供了更为刺激和多样化的健身方式，比如模拟登山攀岩、水下游泳等，这些前所未有的体验让健身不再单调乏味，而是变得充满挑战和乐趣。最重要的是，VR 内容的更新速度极快，不断推出新的游戏和训练项目，这意味着用户总能找到最新、最有趣的健身活动。这种持续的新鲜感和不断的学习机会，无疑为健身爱好者注入了源源不断的动力。

（四）全民健身在新质生产力发展中完成提质增效的新业态

人类的社会就是不断向新质化的过程。[①] 随着科学技术的发展以及社会、文化的变革，产生了更加复杂多元的新型生产力。新质生产力的涌现与全球化、数字化变革息息相关，尤其是前沿技术的涌现和颠覆性技术的

---

① 蒋永穆，乔张媛．新质生产力：逻辑、内涵及路径［J］．社会科学研究，2024（1）：10－18，211．

突破催生了新产品、新模式和新业态，同时相关产业和技术在不断深度融合和交叉渗透，新的产业形态和业态不断涌现，对越来越多行业和产业发展产生赋能效应。加快形成和发展新质生产力，有助于推动产业转型升级，提升供给质量，满足多样化、高端化消费需求，打造高品质生态环境，用科技力量改善人民生活，让全民共享发展成果。

随着人民群众消费水平的提升，人们的健身兴趣、健身方式都发生了改变，当前消费市场呈现出需求不断扩大、结构不断优化和经济增长效应明显加强的重要趋势。传统的健身场所运营成本高，需要现金流的维持，久而久之，也暴露出服务质量低、经营压力大等问题。而全民健身与科技结合，提供更多新的健身方向和玩法，衍生出了许多体育产业新的门类、产品、服务模式和盈利模式，满足了大众多元化的健身需求，提高了健身服务的“质量”和“效益”。

回顾VR游戏发展的历程，1988年任天堂发布了The Power Pad，类似跳舞毯的游戏配件。2004年索尼为Play Station游戏主机推出EYE TOY，运用摄像头将人物投放到游戏中，用肢体动作就可以操作游戏，但只限于二维游戏。2006年WII Remote的出现改变了传统游戏手柄，让手柄有了感应手部运动的功能。2010年，索尼发布了通过光学追踪手柄的位置来实现体感操作。同年，微软旗下的Kinect实现了抛弃遥控器，用肢体操控三维游戏，并且使用红外线景深摄像头直接识别人体的位置和动作，无须玩家手持任何设备即可实现动作捕捉。值得一提的是，Kinect还创造过世界上销售速度最快的消费者设备的吉尼斯世界纪录，在其上市后的60天内，卖出了超过800万台。可惜的是，之后几年体感设备市场逐渐没落，原因包括技术还不太成熟，可兼容体感的游戏并不多，厂家的强制捆绑销售体感设备等原因，导致了体感游戏逐渐淡出了大众的视野。HTC和Valve联合开发的一款VR头显（虚拟现实头戴式显示器）产品，于2015年3月在MWC2015上发布，这款头显名为HTC Vive，屏幕刷新率为90 Hz，搭配两个无线控制器，并具备手势追踪功能。该产品让虚拟现实沉浸式设备融入市场，并逐步运用到虚拟现实游戏中，这给市场带来了新的曙光。之后2019年，任天堂的健身环还让我们意识到手柄机也可以用来运动，疫情暴发期间，带动一波全球居民健身潮，任天堂的硬件一度卖到全网脱销。2020年，Oculus

Quest 2 的进入市场，更加快了游戏带动运动的发展。2021 年，Oculus 的母公司 Facebook 正式更名为 Meta，带火了一波元宇宙概念和投资项目，越来越多的 VR 游戏加快涌入了市场。与此同时，人们对于游戏的观念也在随着体感类的游戏发生变化，从最初坐着玩游戏到开展全身运动，运动能量消耗与日常运动平起平坐。如今，很多人认为 Web 2.0 之后，就是元宇宙的时代。但 VR 确实还有很多问题没有解决，比如游戏中迅速移动带来的眩晕感，导致目前各大型网游无法与 VR 健身有机结合；整体的佩戴体验还不完善，密不透风的头盔散发着的所有热量都被厚厚的塑胶聚拢在双眼的周围，更别说运动期间的闷热、汗水带来的不适感等，这些都是需要逐步解决的问题。

VR 游戏从初期的简单配件到高度沉浸式的虚拟现实体验，再到与运动健身的紧密结合，以及元宇宙概念的兴起，展示了技术如何逐步改变人们的游戏方式和观念。然而，VR 游戏的发展也面临着诸多挑战，如眩晕感、佩戴体验不完善等问题，这些都需要持续的技术创新和改进来克服。这段历程不仅是对游戏产业技术进步的回顾，也是对人类与数字世界互动方式不断演进的见证。随着技术的不断进步，我们有理由期待 VR 游戏能够带来更加丰富的游戏体验，并在促进人们身体健康和娱乐方式变革上发挥更大作用。

在 VR 技术的带动下出现了大量的线上跟练、线上指导、线上赛事等新型健身模式，如 VR 健身房使用户可以与周围环境和第三方设备进行交互体验，实现了民众自主选择的线上健身“全服务”，打破了优质资源高效配置的区域壁垒与限制。现阶段，我国全民健身正在迈向数字化转型的快速发展轨道，通过应用大数据、云计算等信息技术手段，最大程度发挥出信息数据、数字技术的价值，打造了全新的数字化体育领域，赋予了传统全民健身运行体系新的形式和功能，助推全民健身智慧化、数字化革新。

（五）全民健身在新质生产力发展中构建优化布局的新模式

新质生产力依靠科技创新，尤其是那些颠覆性的技术创新与应用，不仅催生了许多新产品、新模式、新服务，还深刻改变着社会生产方式、产业组织结构以及经济活动方式。① 习近平总书记指出："科技创新能够催生新产业、新模式、新动能，是发展新质生产力的核心要素。"加入引用新质生产力是更具融合性、更体现新内涵的新型生产力，在数字时代的背景下会带来很多不同于以往的新质发展。

全民健身作为推动体育高质量发展的重要力量，对于促进体育与健康融合、激发体育事业的发展潜力，以及发挥现代体育的社会价值等方面都具有十分重要的作用。结构优化是全民健身高质量发展的重要表现，以全民健身为载体，通过技术创新、数据驱动、跨界融合等方式，促进数智化技术与全民健身深度融合，促进多元主体协同治理、跨部门和跨产业协同发展，可以优化全民健身结构布局，实现资源共享、优势互补、合作共赢的目标，推动全民健身事业迈向更加健康、全面、可持续的发展路径。一方面，前沿技术的应用和创新模式的探索，助力构建全社会共同参与的新模式。这种技术赋能和创新引领将直接影响全民健身发展方向和业态结构。例如，智能健身设备、健康管理 App 等新技术产品的兴起，推动了健身产业向智能化、个性化方向发展，促使健身服务更加科学、便捷、多样化。另一方面，发挥融合性和跨界特征，促进部门间、产业间协同发展。全民健身可以通过与新兴产业的融合发展，创造出更多元化、跨界化的产品和服务，丰富了产业内涵，拓展了市场空间。例如，健身与娱乐、旅游、文化等产业的结合，为健身产业注入了新的活力和创新动力。

（六）新质生产力中的新动能激发全民健身人才活力

加快形成新质生产力，关键要依靠创新人才。战略人才的培养，是体现国家战略需求导向，锚定高水平自立自强的重点举措。因此，加快形成新质生产力，就是要以人才发展理念和人才培养体系为根本，"把人才切实融入经济发展的质量变革、效率变革、动力变革的过程中"②。

全民健身智慧化、数字化转型升级是现代信息技术与全民健身服务全面、深层融合的结果，这也对在交互过程中全民健身复合型人才提出了更

① 李晓华．数字经济新特征与数字经济新动能的形成机制［J］．改革，2019（11）：40－51．
② 徐军海．人才驱动新质生产力的路径选择［J］．中国人才，2024（2）：20－22．

高要求。全民健身转型升级要求复合型人才具有较高的信息素养和分析决断能力，能够运用数字技术灵活运用于全民健身的工作场景中，通过收集数据、分析数据、管理数据等一系列操作，提高全民健身的精准性管理以及个性化服务水平。然而就目前而言，虽然我国技能技术处于高速发展阶段，但是专业人才在数量和质量上均无法满足社会的需求，“人才供给和需求在数字技术领域存在严重的结构失衡”①。在以数字赋能全民健身发展的大好条件下，为全民健身技术人才创新能力提高、全民健身技术人才培养提供了机遇。伴随着新兴技术融入全民健身领域，具备跨学科背景和技术储备的新型全民健身科技人才在探索和应用新兴科技方面带来新的创新和突破，也在一定程度上为全民健身技术创新人才创造出了培养和发展路径。

三、新质生产力赋能全民健身高质量发展的现实困境

马克思主义认识论指出，对事物的认识，需要经历复杂的过程，通过实践才能完成对事物的深化认识。② 现如今，全球进入一个创新密集时代，世界新一轮生产力系统性新质化正在快速演进。对标新时代新阶段，全民健身高质量发展的实践过程中面临着现实困境，存在简单的技术转移现象，从而导致全民健身智慧化应用水平不高，全民健身融合效能还没完全激发和释放。具体而言，从全民健身的技术困境、生态困境、供给困境、结构困境、模式困境和人才困境 6 个方面来探究新质生产力赋能全民健身高质量发展的现实困境。

（一）新质生产力赋能全民健身高质量发展的技术创新瓶颈

数字技术作为新时代国家、社会、产业的新生产要素以及开展全民健身转型升级的重要载体，其核心技术创新在推动全民健身发展中发挥着至关重要的作用。但目前而言，全民健身高质量发展的技术困境主要体现在

① 张宝英，陈泓竹．数字技术驱动文化产业转型升级的逻辑思路与人才支撑［J］．就业与保障，2022（3）：37－39.

② 白亚光．马克思主义认识论丛谈［M］．哈尔滨：黑龙江人民出版社，2001：119－121.

技术创新理念滞后、技术研发基础设施短缺、技术创新人才缺乏。一是技术创新理念滞后。由于一些健身机构和个人仍然受传统健身观念的影响，对于新型健身技术的接受和应用存在保守态度，导致技术创新理念滞后。二是技术研发基础设施短缺。技术研发基础设施建设前期有成本高、回报率低、实施难度大等特点，加之政府投入有限，阻碍了全民健身转型升级。三是核心技术研发能力落后。数字技术具有的复杂属性附加于全民健身服务中，需要对相应的功能和效益进行驱动，这对于老年人等弱势群体是困难的，这对应的研发要求也是很高的。

（二）新质生产力赋能全民健身高质量发展的绿色价值缺失

生态环境决定着体育项目的开展规模与开展情况。在“双碳”目标引领下，全民健身设施的能源消耗大、污染排放高、资源利用率低等问题严重阻碍着全民健身绿色发展。究其原因，主要体现在以下几个方面。一是能源消耗大。传统体育场馆在举办比赛需要采用大量灯光、空调制冷、设备维持等一系列措施来保持比赛的正常进行，而这些措施需要大量的能源供应。二是污染排放高。在传统的体育器材生产过程中，通常会导致大量废弃物的产生，进而引发环境污染的问题。三是资源利用率低。传统的体育赛事管理和治理过程中“多元主体的权益划分不够明确，多元主体正当权益的侵害行为时有发生却并被无形忽视”①，这加大了人力和物力的投入以及资源的消耗。

（三）新质生产力赋能全民健身高质量发展的资源供需失衡

在全民健身的数字化时代里，“人民群众体育健身需求升级”②，群众体育的内涵不断扩展，我国健身设施的需求和供给都发生了深刻变化。就目前而言，主要暴露出全民健身公共服务设施水平较低、数字资源鸿沟、数字化健身设施建设和管理的水平较低等问题。一是全民健身公共服务设施

---

① 冯剑．群众体育赛事从管理到治理：动力、逻辑与路径［J］．西安体育学院学报，2018，35（3）：334－337.

② 李军岩．新时代我国全民健身消费供给研究［J］．沈阳体育学院学报，2018，37（4）：8－13.

水平较低，未能满足群众日益增长的体育需求。现阶段，大部分智慧场馆主要用于体育赛事、演出、展览等活动，智慧体育场馆开发和利用不足。二是数字资源鸿沟，造成全民健身资源供给不畅。由于不同地域或群体在利用互联网技术、接触移动媒体等方面的差异化，导致了全民健身公共服务智慧化建设无法全面统筹、覆盖全范围，难以满足多样化地区建设需求以及不同水平的健身活动要求。① 三是数字化健身设施建设和管理的水平较低，同质化较为严重。由于数字智能化场地器材管理落后，导致了资源配置的浪费，极大阻碍了全民健身“质量”和“效益”的同步提升。

（四）新质生产力赋能全民健身高质量发展的结构布局失衡

当前全民健身转型发展，在提升数字化、智慧化的同时，区域间、城乡间、人群间呈现非均衡的网络发展态势。一是区域之间的不均衡。数字化健身资源在不同地区的分布不均衡，一些发达地区可能拥有更多优质的健身应用、在线平台和数字化健身设施，而一些边远地区或欠发达地区可能面临数字化资源匮乏的问题，导致该地区的健身参与人群规模不大。二是城乡之间的不均衡。城市地区通常拥有更好的互联网接入和数字技术基础设施，而乡村地区主要受乡村人口稀少、地理环境广阔、政府财力较低等因素影响，乡村居民无法充分利用这些数字化体育资源，表现出健身活动少、运动形式单一、健身设施老旧等问题，导致城乡健身参与的差距。三是人群之间的不均衡。“数字弱势群体游离于数字技术的惠及范围之外”②，特别是残疾人群、低收入人群、老年人群等群体的智慧化健身弱势地位，阻碍了全民健身的进一步开展。

（五）新质生产力赋能全民健身高质量发展的治理模式乏力

近年来，体育部门与体育社会组织的参与度加大，但受数字资源短缺、体育社会组织发展羸弱、政府组织依赖性强和非政府组织难以介入的困境

---

① 王宁宁，程文广．全民健身公共服务智慧化实践困境及行动路向［J］．体育文化导刊，2022（10）：65－72.

② 周慧珺，邹文博．数字化转型背景下数字鸿沟的现状、影响与应对策略［J］．当代经济管理，2023，45（3）：60－67.

制约，造成多部门的协同治理困境。一是全民健身多主体治理联动的制度建设不完善。当前全民健身领域“缺乏完善的制度保障和明确的制度设计”①，导致治理行为的规范性不足，难以发挥协同治理的合力。二是全民健身多主体治理联动的沟通机制缺失。在全民健身治理中，缺乏有效的沟通平台，使得各主体之间难以达成共识，衍生出利益分歧、信任危机等一系列问题，进而影响了治理的协调推进。三是全民健身下的群众赛事事故频出。在组织举办群众性体育赛事时，常常会出现赛事资源分配不公、赛事组织不合理、安全保障制度不规范等问题。这一系列群众赛事事故给全民健身带来了很多启示，更有对其跨部门协同治理以及对数字化赛事运营管理的应用和风险评估的深入思考。

（六）新质生产力赋能全民健身高质量发展的人才支撑短板

我国体育人才队伍培养主要以体育教学、运动训练、社会体育、健身指导方面的人才为主，缺乏新兴技术方面的体育人才培养，导致“市场需求与人才培养之间存在质量和种类不匹配的情况，也面临着供给侧结构性改革的挑战”②。一是技术创新人才缺乏。目前全民健身相关的技术人才培养体系尚不完善，高水平的技术人才供给不足，尤其是“高校培养出的人才数量、质量和综合素质水平不能满足数字技术人才的需求”③，制约了全民健身技术创新的发展。二是复合型人才匮乏。由于对复合型人才的培养支持力度较低，导致单一领域人才向“体育 +”的复合型人才转变速率下降，从而降低了社会对于复合型体育人才的需求。《产业数字人才研究与发展报告（2023）》相关数据表明，目前我国数字人才的短缺量为2500万至3000万之间，并且这一短缺趋势仍在不断扩大，尤其在全民健身公共服务

---

① 史小强，戴健．“十四五”时期我国全民健身发展的形势要求、现实基础与目标举措［J］．体育科学，2021，41（4）：3－13，59.

② 刘青，赵元吉，刘智丽，等．体育在健康中国建设中的作用及走向（笔谈）［J］．成都体育学院学报，2017，43（1）：1－7.

③ 于城沣，宋永志．数字技术赋能全民健身公共服务现代化发展研究［J］．辽宁体育科技，2023，45（6）：38－44.

智慧化建设这一相对起步较晚的领域显得更为突出。① 三是人才素质较低。全民健身体育人才的素质较低，主要原因体现在人才队伍结构、人才培养环境、人才培养体系的困境，导致人才的综合素质较低，严重制约了全民健身的转型升级。

四、全民健身高质量发展新质生产力的实践构想

新质生产力赋能全民健身高质量发展是一项系统工程，需要从实践中的问题出发，统筹谋划。对此，要积极响应全民健身国家战略，从人民的健身需求出发，通过探索全民健身创新发展新技术、创造全民健身绿色发展新价值、拓展全民健身数字驱动新要素、构筑全民健身人机共生新业态、构建全民健身协同治理新模式、提高全民健身持续供给新动能来加快形成全民健身的新质生产力，推动全民健身高质量发展。

（一）深刻推动从技术嵌入向技术创新转变，探索全民健身高质量发展新技术

在数字经济时代，注重以技术嵌入、技术升级、技术创新为逻辑的技术转变，是促进全民健身转型升级的重要内容。第一，在技术嵌入层面。要不断更新体育数字治理理念、体育数字治理技术以及体育数字治理平台与工具，“围绕全民健身信息公共服务平台、智慧体育场地设施、科学健身指导、线上体育赛事、健身知识传播等数字要素与技术嵌入全民健身公共服务的核心内容”②，以实现数字技术与全民健身事业的相辅相成。第二，在技术升级层面。聚焦全民健身公共服务中数字技术嵌入需求与现有技术功能效度的实质差距，在健身数据测量精度、数据算法准度、技术操作友好度、嵌入环境兼容性等方面不断优化，逐步减少、避免因功能效度与实践需求不匹配而产生的负效应。第三，在技术创新方面。面向新一轮科技

① 曲忠芳，李正豪．报告称我国数字人才缺口超过 2500 万［EB/OL］．［2022 - 03 - 25］．https：//baijiahao. baidu. com/s？ id = 1761280861370790860&amp；wfr = spider&amp；for = pc.

② 冯俊翔，郑家鲲．数字技术嵌入全民健身公共服务负效应的形成与消解［J］．体育学刊，2024，31（1）：29 - 37.

革命，通过加强对新型数字技术在全民健身场景应用，从海量数据中发现规律、挖掘价值，即时提供最优化决策方案，并引导下一步执行，从而实现全民健身领域的结构、功能、流程、制度、政策、产品、模式、场景、工具、方法等层面的数据驱动型创新。

（二）加快实现从绿色意识向绿色价值转变，创造全民健身高质量发展新价值

加快发展新质生产力，实现高质量发展，内含着加快发展方式、生活方式绿色转型的要求。① 以新质生产力赋能全民健身高质量发展，发挥数字化、绿色化的特征，实现从绿色意识到绿色价值的实践转变，创造全民健身绿色发展新价值。一是要促进健身产品的绿色化发展。通过新型数字技术的应用，降低健身产品"在生产、设计、制造、运输以及销售过程中的污染物以及碳排放"②，提高健身产品生态足迹中可再生能源以及材质的占比，把生态效益优先理念融入健身产品生命周期全过程。二是要促进健身消费的绿色化发展。将健身消费与健身产品联系起来，倒逼相关企业生产健身产品，以健身产品促进大众绿色低碳消费。例如，智慧体育场馆可以根据人流密度和自然光线智能调节温度和亮度，达到最佳舒适状态，节省场馆能耗。三是要促进健身方式的绿色化发展。运用 AR 体感、互动投影、全息投影、沉浸式空间引入传统体育项目，以新的娱乐项目的方式，提高参与乐趣；利用绿道体育、廊道体育、健身步道等绿色体育空间，串联户外运动场地设施和城市生态景观，积极培养锻炼人群的绿色健身意识和习惯，创造全民健身绿色发展新价值。例如，贵阳观山湖区首个社区智慧体育健身驿站围绕居民体育健身的设计理念，设置了智慧互动体验屏、智能健身亭、智能健身器，通过智能设备可以对人群的身体健康数据、健身数据进行收集整理，更好地为健身人群服务。

---

① 张三元．发展新质生产力与构建绿色健康生活方式［J］．思想理论教育，2024（4）：27－34.

② 任波，黄海燕．"双碳"目标下中国体育产业结构优化的内在机理与升级策略［J］．体育学研究，2022，36（4）：75－87.

（三）稳步推进从现实空间向虚实融合转变，拓展全民健身高质量发展新要素

场景社会背景下，科技正以“硬件＋软件＋数据”方式，全面嵌入体育发展，尤其是数字人、健身镜、VR游戏等智能元素在健身领域的融入与渗透，为健身人群提供“一站式”、全天候、全流程的健身服务，而“传统的全民健身公共服务供给模式难以满足当下全民健身参与和消费方式发生的新变革”①，亟须全民健身场景变革来打破当前局限性。对此，要拓展全民健身的数字要素新场景，实现从现实空间向虚实融合转变。一方面，推动从基础要素驱动向数字要素驱动转变。充分利用全民健身数据的内联性，将锻炼者与健身场所、服务项目以及资源充分衔接起来，② 从而打破信息孤岛，推进实现信息共享。另一方面，实现从现实空间向虚实融合转变。推动以线下为主的健身方式转向线上与线下相结合的健身模式，不断开拓运动新业态，并推出更多虚拟现实健身设备和赛事产品，将全民健身公共服务的生产、供给、消费、监管嵌入流动性和包容性更强的虚拟空间，从而带动健身多类型内容融合、多元终端联动，不断满足用户多场景化、高互动性的线上健身需求。

（四）加快促进从人机交互向人机融合转变，构筑全民健身高质量发展新业态

人类与机器共生发展引领人类未来实践道路是智能时代的内在要求和趋势。在新质生产力推动下，全民健身发展需要符合社会发展趋势，借助新型技术流程再造与结构优化，构筑全民健身人机共生的新业态，为全民健身事业带来持续变革与赋能。第一，加强人工智能核心算法研发。随着人工智能与全民健身的融合发展，健身数据采集的精细度和范围也将大幅增加，③ 需要持续优化人工智能算法模型，全面挖掘其赋能潜力，培育健身

---

① 吴彰忠，钟亚平，周易文，等．数字赋能构建更高水平全民健身公共服务体系——基于多学科视角的模型构建［J］．体育学刊，2023，30（6）：40－48.

② 朱元利，赵皎卉，蔡勇．智慧健身服务的四元空间模型：内涵特征、理论框架、关键问题与解决策略［J］．北京体育大学学报，2022，45（12）：43－55.

③ 徐伟康，林朝晖．人工智能与全民健身融合发展的价值逻辑、现实困境与优化路径［J］．上海体育学院学报，2022，46（10）：9－22.

智能服务生态，推动全民健身人机融合转变。第二，建立人工智能与全民健身的融合标准。不断完善全民健身与人工智能融合的治理技术和标准体系，尽快从基础软硬件平台、关键通用技术、行业应用技术、产品与服务、安全与伦理等方面构建我国人工智能与全民健身融合的标准体系。第三，倡导发掘全民健身人机共生价值理念。在机器具备智能基础上重新厘定人机角色与分工，引导并规范 AI 及其智能体的行为决策，“以公开透明坦诚的方式与超级 AI 沟通，寻求人机共生的互信共存方案”①，进而倡导全民健身人机共生的理念共创与价值趋同。

（五）全力推动从单一治理向多元协同治理转变，构建全民健身高质量发展新模式

新质生产力融入全民健身不仅仅是将数字技术简单地应用于全民健身治理，而是要把新理念和新思维融入全民健身治理的方方面面，从而实现全民健身的治理新模式。借助数字化手段提升大众健身服务水平也成为大势所趋，这就需要政府、市场、社会等多元主体共建、共治、共享。因此，要促进政府、社会以及人民群众的协同融合，消除合作壁垒，实现新型生产要素耦合协同。一方面，形成多主体参与的全民健身治理共同体。通过健全全民健身治理数据共享协调机制，建立起多元主体在治理目标上的高度趋同、治理内容上的有机衔接、治理功能上的协调互补，实现全民健身服务精准化、便捷化，培育全民健身新业态，推进全民健身资源整合、共享。另一方面，实现全民健身新型生产要素的耦合协同。数据作为新型生产要素，能够有效推进全民健身治理科学化与智能化。依据各类分级原则，搭建全民健身数据治理平台，从而“实现数字化的全面协同、全社会的数据互通与跨部门的信息流通”②，同时对不同来源的数据进行复杂分析计算，充分整合健身参与者数据资源，打造高质量的全民健身参与模式。

---

① 赵皎卉，朱元利．从“AI +” 到“ + AI”：人工智能促进全民健身高质量发展对机理与路径［J］．西安体育学院学报，2023，40（5）：522 – 531.

② 李军，董蕾，赵亮，等．数字时代全民健身公共服务数据共享的动态演化博弈研究——基于多元主体协同视角［J］．体育学研究，2023，37（3）：33 – 44.

（六）加速完成从人才供给不足向人才充足保障转变，提高全民健身高质量发展新动能

人才是新质生产力生成中最活跃、最具决定意义的能动主体，是发展新质生产力的新动能。要不断强化全民健身发展对人才的支撑，将全民健身人才优势转换为全民健身发展的新动能。一方面，要改善全民健身人才培养环境。鼓励高校以相关规章制度为依据，不断融合新技术、新科技，完善培养机制，创造兼具管理、技术、服务等能力的复合型人才，加强健身指导、场馆管理、宣传营销等方面的人才培养。同时，加大学校与企业的联系，实现教学与社会实践的无缝衔接。另一方面，要构建全民健身人才培养体系。遵循“培养人才、引进人才、留住人才”的发展思路,① 来构建完善的全民健身人才培养体系。在培养人才方面，要充分利用现代教育网络资源，加大高校学生数字化、信息化和实践能力的培养；通过线上线下共同发力的方式，加大对相关人员的培训力度；围绕全民健身大众需求，培养相关人员的道德品质和职业素养。在引进人才方面，国家和政府要出台相关引进政策，积极引入高素质、高端信息技术人才。在留住人才方面，要注重人才的长期发展和晋升途径，优化阶梯化的薪资待遇和升职规划等制度性措施，激发全民健身发展的新动能，为全民健身事业的长期发展提供坚实的人才支持和保障。

新质生产力赋能全民健身高质量发展不仅是落实新时代体育发展理念、响应数字时代潮流的客观需要，更是回应民心、满足广大人民多元健身需求的主观选择。新质生产力赋能全民健身高质量发展作为一项系统工程，既包含理念的更新，又涉及技术的突破，因此要系统谋划、统筹安排。在新质生产力赋能全民健身高质量发展的实践过程中必将面临新挑战、新难题，对此唯有大胆创新、敢于实践，回应人本需求、时代诉求，积极探索数字技术与全民健身的深度融合，不断深化新质生产力赋能全民健身高质量发展的研究深度和广度，加快形成和发展全民健身的新质生产力，为实现体育强国建设、健康中国战略目标输送新动能。

---

① 王宁宁，程文广．全民健身公共服务智慧化实践困境及行动路向［J］．体育文化导刊，2022（10）：65－72.

新质生产力赋能全民健身高质量发展不仅是落实新时代体育发展理念、响应数字时代潮流的客观需要，更是回应民心、满足广大人民多元健身需求的实践选择。新质生产力赋能全民健身高质量发展作为一项系统工程，既包含理念的更新，又涉及技术的突破。因此，我们要系统谋划、统筹安排。在新质生产力赋能全民健身高质量发展的实践过程中必将面临新挑战、新难题，只有大胆创新、敢于实践，回应人本需求、时代诉求，积极探索数字技术与全民健身的深度融合，不断深化新质生产力赋能全民健身高质量发展深度和广度，才能形成和发展全民健身的新质生产力，从而为实现建设体育强国、健康中国战略目标注入新动能。

第六章 体育新质生产力竞技体育科技论

在迈向体育强国的道路上，竞技体育的发展水平是衡量体育实力的重要指标之一。在加快建设体育强国的进程中，推动竞技体育的高质量发展尤为关键。在这一进程中，体育科技的自立自强扮演着举足轻重的引擎和基石角色。为了实现竞技体育的高质量发展目标，科技创新不仅为其提供了稳固的物质支撑，更注入了强大的发展动能。当前，我们面临的核心议题是如何通过科技创新驱动竞技体育的持续发展，并把握新一轮科技革命与产业变革的契机，从而培育并构建竞技体育高质量发展的内生动力，这已成为推动我国竞技体育迈向更高层次、实现高质量发展的时代课题。

一、竞技体育科技现代化发展的回顾与反思

中国式现代化奋斗过程是持续进行的，是党在理论和实践基础上总结和创新的新成果，代表着一条依靠科技创新来实现递增式发展的现代化之路。回顾中国体育科技事业的发展，体育科技在任何一个时期对支撑体育事业的可持续发展都发挥着至关重要的作用，其中“对我国体育政策制定、科研机构建设、学科建设、人才培养以及科技成果的取得都发挥了关键和重要的作用”①，且对我国经济发展、政治民主、文化繁荣、社会稳定、生态环境等相关问题均作出了科学解答。长期以来，随着现代化、国际化、

① 冯连世. 改革开放40年中国体育科技发展与思考［J］. 体育文化导刊，2019（3）：6－10.

社会化和产业化发展态势的日益成熟，体育科技被高度重视和优先发展，并在国家理论战略的引领下，紧跟世界体育科技发展前沿，在竞技体育、群众体育、体育产业等事业上均取得了具有前瞻性、引领性的原创成果的突破，为深化体育现代化理论和促进体育事业的全面发展贡献体育科技力量。中国举国体制办体育的优势不仅在国际赛场上多次被证明，也让世界看到我国独特的体育发展经验。毫无疑问，科技在竞技体育中的核心竞争力维持和提升的作用正在逐渐显现。

（一）竞技体育科技现代化的发展回顾

从发展脉络来看，竞技体育科技现代化经历了一个从技术的学习到自主创新的发展历程。新中国成立初期，我国体育科技基础相对来说十分薄弱，再加上发达国家在科技领域的突飞猛进，现实情况对于我国体育科技发展十分不利，而学习国外先进经验是我国体育科技发展的唯一选择，其中苏联的先进发展经验对我国体育科技发展产生了重要影响，为我国体育科技明确了一定的方向。伴随着我国政治因素的影响和群众力量的发展，我国竞技体育科技也在曲折中开始发展，直至改革开放的到来，我国竞技体育科技发展才迎来了新的转折。在20世纪中后期，科学技术的飞速发展促进了世界范围内科技领域先进手段的出现，这种发展深刻地影响了世界经济的发展，也促进了体育事业的快速发展。我国体育相关领域的工作者也正是利用了这一机会，如饥似渴地获取国外先进的体育科技知识，引进了大量的新学科、新理论、新方法，扩大了我国体育科技工作者的视野，改善了他们的知识结构，提高了认识能力和研究水平，使体育科技水平得到了迅速的提高。

2001年，伴随着北京奥运会的申办成功，我国体育科技工作迎来了难得的发展机遇。体育科技围绕竞技体育事业、全民健身事业的重点更加突出，目标和任务也更加明确。2008年北京奥运会全面开展科研攻关与科技服务，综合攻关服务课题，涵盖训练学、生理学、生物力学、心理学等多种学科，以“科技奥运”为专项接口，多个国家级科技单位被吸引，包括清华大学、北京大学、中国科学院等加入合作并参与攻关研究，针对一些具有共性、基础性的问题和训练过程或比赛中遇到的关键问题，以科技创新带动训练创新，对重点运动员进行科学的训练监控，创造性地使用无线网络、三维视频、图像模拟等高新技术，建立技术动作图像库，并对训练现场实施技术反馈，为运动训练提供更为科学的依据，进而为北京奥运会卓越竞赛成绩提供有力的科学支持。①② 北京奥运会的成功举办，不仅将科技奥运、体育科技创新体现得淋漓尽致，留下了一大批标志性建筑和场馆设施，更重要的是改变了人们对体育的一些传统观念和刻板印象，让竞技体育科技成为推动我国竞技体育事业的主要驱动力，成为各国体育战略博弈的必然选择。

受益于北京奥运会的成功举办，我国竞技体育科技现代化的发展迈入了一个新的阶段，正逐步以体育科技高水平自立自强的创新模式高速发展。党的十八大以来，党和国家在科技创新方面极其重视，将其摆在国家发展的核心位置。北京冬奥会是在党和国家战略引领下我国体育科技创新成果展现的又一标志性事件。北京冬奥会上的科技创新已然成为实践核心，“科技部针对重点研发并组织实施‘科技冬奥’重点专项，其中 212 项技术成果已在奥运周期落地应用”③。同时，“十四五”时期，以 5G 为核心的人工智能、物联网、大数据等数字科技渗透和应用在体育强国建设的各领域，助推竞技体育事业的创新变革，实现体育科技与竞技体育的融合发展。党的二十大报告提出，要“加快实现高水平科技自立自强”“加快建设科技强国和体育强国”，这就需要我们在新的发展阶段，将科技创新作为竞技体育发展的重要动力。

现如今，新一轮的科学技术和产业变革正在不断深化，对人类的生活方式和生产方式产生了深刻的影响，生产力的发展方向、演化路径和要素条件正在发生巨大的转变，迫切需要新的生产力理论予以指引。新质生产力，要义就在科技创新，在于技术的革命性突破。新质生产力明确了我国

① 蒋志学．促进体育科技创新，推动体育强国建设——在第九届全国体育科学大会上的主题报告［J］．体育科学，2012，32（1）：3－7，39.

② 陆素文，蒋荣．论“科技奥运”对中国竞技体育发展的“张力”［J］．南京体育学院学报（社会科学版），2009，23（5）：70－72.

③ 光明网．科技助力冬奥 212 项技术在北京冬奥会上落地应用［EB/OL］．（2022－02－16）［2022－07－21］．https：//www.163.com/dy/article/H0SOMF6P0529SL28.html.

体育事业高质量发展的内在要求和重要着力点。近年来，科学技术与体育的有机结合，加快推动了体育事业的全面发展，其中体育科技在奥运备战、全民健身等领域均发挥着不可替代的作用。在新质生产力背景下，加快形成体育科技的新质生产力，在于体育技术的革命性突破，结合竞技体育事业改革与发展的实际情况，不断推动体育事业迈出新步伐、取得新成就。

（二）竞技体育科技现代化发展的反思

纵观世界各国走向现代化的历史，虽然道路不尽相同，但科技始终是国家和民族不断发展的重要动力。科技现代化是指现代科技因素持续结合和实现现代化的进程，科技的生产要素正日益占据主导地位，“科学技术是第一生产力”成为经济社会发展的第一驱动力。① 随着人工智能等前沿科技在体育领域中的融合发展，体育科技创新逐步成为体育强国战略的重要驱动力和世界体育国别竞争的核心要素。基于此，竞技体育科技现代化发展反思从竞技体育发展的理论逻辑、历史逻辑与实际逻辑来理解。首先，从理论逻辑来理解。竞技体育科技现代化要坚持“科学技术是第一生产力，创新是引领发展的第一动力”“以人民为中心”“双轮驱动创新发展”的指导思想。中国竞技体育科技现代化是以历届党领导人为中心的竞技体育科技思想、竞技体育科技论述为指导理论的竞技体育科技现代化，是中国式现代化竞技体育科技发展进程中的标志性成果。科技正在逐渐地渗入现代生产力体系的各种因素之中，并渗入社会生产的每一个环节，从整体上主导和引领生产力的发展。而作为现代竞技体育发展的强劲动力，体育科技渗透于竞技体育领域的各个方面，同时致力于满足人民群众日益增长的美好需要，从竞技体育事业整体上主导和引领竞技体育生产力的发展。其次，从历史逻辑来理解。伴随着竞技体育事业从贫穷走向兴旺，从落后迈向建设竞技体育强国之路，竞技体育科技也在这一进程中不断成长。我国竞技体育科技的发展，与中国的发展“同频共振”，由此开辟了一条不断创新、艰苦奋斗的发展道路。在中国共产党的正确领导下，中国竞技体育科技实力伴随着经济发展同步壮大，伴随着体育强国、科技强国建设而不断前进，

① 张润峰．论中国式现代化道路的生发逻辑与独特内涵［J］．探索，2022（2）：13－26.

实现了从落后到追赶，再到引领的历史性跨越。在新质生产力背景下，竞技体育事业要顺应科技革命的新趋势，不断推动竞技体育科技创新突破，围绕关键领域核心技术突破与开展协同并进，充分释放竞技体育科技助推竞技体育事业发展的新格局、新空间与新动能。最后，从实践逻辑来理解。伴随着科学技术和经济社会的加速融合，科学研究范式正在发生深刻变革。竞技体育科技现代化在于高水平科技自立自强是新形势下走好中国竞技体育现代化新道路的必然选择。伴随着竞技体育科技实践发展，竞技体育科技现代化会不断出现新挑战、新困境。在新时代，竞技体育科技现代化必须着力解决竞技体育科技政策落实不到位、竞技体育科技创新能力不足、竞技体育科技人才匮乏、体育科技支撑力量薄弱等问题。只有以竞技体育科技实力的不断创新为奋斗基点，以竞技体育领域的高水平科技自立自强为奋斗目标，才能从根本上解决制约竞技体育科技现代化发展的问题，进而支撑和引领中国竞技体育现代化进程。

（三）竞技体育科技现代化的发展启示

1. 体育强国战略高端引领竞技体育科技发展

体育强国国家战略是新时代体育的新理念、新定位、新使命，是党和国家站在新的历史方位所做出的战略选择。①《体育强国建设纲要》提出了加大体育科技创新力度，对体育科技创新如何进一步为奥运争光计划快速发展提供强力支撑提出了科学规划。显而易见，体育科技是一个高度交叉、高度复杂的科技富集领域，与体育强国建设密切相关。体育强国建设可以推动体育科技的发展，这包括运动装备、训练方法、竞技场馆等方面的创新，带动了竞技体育多领域的发展，增强国家的科技实力，使得国内竞技体育科技水平逐渐走在了世界前列。通过体育强国国家战略引领巩固我国竞技体育优势项目竞争地位，通过加速科技革新，全方位增强中国的优质项目的竞赛能力，并协助提升中国三大足球及其他滞后项目的科学化培养质量。通过加速科技革新，全方位增强中国的优质项目的竞赛能力，并协

---

① 张剑威，刘东锋．体育强国研究：综述与展望［J］．体育与科学，2021，42（2）：12－22.

助提升中国三大足球及其他滞后项目的科学化培养质量；通过应用更高科技的装备、监测检测手段及复原方式，更能有效提高训练水平，真正体现科技训练。科技也被应用在竞技体育中，以提高运动员的体能素质、优化训练方法、改进竞赛管理、提高竞技水平等，促进了体育科技与竞技体育训练的紧密结合。体育科技对于训练体系的科学化发挥了巨大贡献，通过不断引进和创新运动训练的新理论和方法，加强教育学基础和运动训练生物学的理论研究，重视康复和体能等新兴理论与方法的应用和创新，在提高运动能力、保持运动健康和减少运动损伤等方面发挥重要作用，同时突破并解决研究理论和实践需求的关键点和难点，促进训练体系的不断进步。另外，我国在竞技体育取得了奥运会、世锦赛和世界杯等一系列国际大赛的优异成绩的同时，也在体育科技上获得与竞技体育相关的众多国家级科技成果和理论成果，突出了体育科技对于竞技体育的支撑作用。伟大的时代造就伟大的理论，伟大的理论引领伟大的实践。体育强国战略对竞技体育科技的发展起到了推动作用，使中国竞技体育取得了显著的进步。这有助于提高国内运动员的水平，同时也增强了中国在国际体育舞台上的影响力。

2. 国际体育赛事为竞技体育科技提供展示平台

全球体育竞赛不只是各国运动员的竞技对抗，也是一个展示国家综合实力和科技水平的重要时刻。在 2022 年北京冬奥会上，相关科技成果得以成功应用，科技的创新力量在北京冬奥会上得到充分展示，例如，北京冬奥会首次使用 33 项技术，其中共推动 11 项中国冰雪运动国家标准得到立项和研发。① 2022 年冬季奥运会在 2008 年奥运会成功举办的基础上，将多项技术应用于体育场馆、体育设施等方面上，创造了一个又一个“世界之最”。在“十四五”规划期间，以 5G 为主导的人工智能、大数据、元宇宙等数字科技在体育强国建设的各个方面进行创新应用，推动体育强国建设的各个领域的创新变革，实现体育科技与体育强国建设的融合发展，为体育强国提供科技支持。近年来，一系列主场赛事成为数字科技大展身手的

---

① 冯华，陈亚琦．平台商业模式创新研究——基于互联网环境下的时空契合分析［J］．中国工业经济，2016（3）：99－113.

舞台。成都大运会和杭州亚运会充分应用了大数据、物联网、5G、人工智能、区块链等数字科技成果，展现了数字体育、数字城市的创新成果，给世界人民留下了深刻印象。此次杭州亚运会在一系列尖端数字技术中实现了历史性突破，增加了本届赛事精彩程度，提高了中国科学技术的影响力和传播力，为后续赛事中技术应用以及智能、高效运行提供了借鉴参考。例如，此次杭州亚运会上，中国移动咪咕再次通过“内容＋科技＋融合创新”的方式，助燃“智能亚运”，点燃了体育观赛的酷炫模式。从开幕式AR互动，到智慧观赛、数智特效，再到5G超高清、沉浸互动，中国移动咪咕以科技带领观众直击赛场高光，成就了杭州亚运会独特的数智魅力。

3. 中国式现代化推动竞技体育科技高速发展

中国式现代化是对中国实现现代化的一系列重大政治问题的一种全新设定，① 它不仅涵盖有关中国特色发展的经验选择，还涉及对世界和平发展的中国价值。现代化的重要基础是经济现代化，重点是解放和发展生产力，人类现代化归根到底是科技创新推动生产力发展的结果。科学和技术的创新突破以及应用是中华民族伟大复兴中国梦、中国式现代化的完全实现的重要基础。② 体育现代化作为中国式现代化的重要组成部分，受到信息科学技术的影响，正进行深刻的科技变革，形成一种全新的体育科技发展形势——体育科技现代化。在体育领域，AI已重塑了围棋、象棋等智力运动；足球、篮球、网球、田径、乒乓球、羽毛球等项目的高水平大赛和训练中，大数据分析、辅助裁判系统、陪练机器人等高科技元素也无处不在。中国式现代化的实现离不开科技的自主创新，也离不开高水平体育科技的自立自强。伴随着现代思想、科技、策略和手段在体育事业各个领域的持续渗透，体育强国建设的科技基础和现代化内核愈发稳固，③ 以体育科技驱动生产生活和治理方式的创新发展，推动质量提升、效率提升和动力变革，助力体育领域各项事业的共同、共生、融合发展，对于体育科技现代化的高速发展

① 方世南．以中国式现代化全面推进中华民族伟大复兴的政治宣言和行动指南［J］．学术探索，2023（1）：18－24.

② 隅人．科技与出版：赋能中国式现代化的必然选择［J］．科技与出版，2023（7）：6－16.

③ 赵富学．中国式现代化视域下体育助推中华民族伟大复兴的内涵释析及视野架构［J/OL］．体育学研究：1－13［2023－09－24］．https：//doi.org/10.15877/j.cnki.nsic.20230901.003.

产生了巨大的作用。

二、竞技体育新质生产力内涵与特征解释

从“生产力”到“新质生产力”，在“新”和“质”两个层面实现了突破，代表着一种生产力的跃迁。“新质”就是“新的质态、新的形态、新的形式”，新质生产力是更高质量的、更高效率的、更现代化的生产力，其落脚点在于先进生产力。总的来说，新质生产力是以新质劳动者、劳动资料、劳动对象及其优化组合的跃升为基本内涵，以新兴科技创新为根本驱动力，以战略性新兴产业和未来产业为载体，以高质量发展为目标，以数字化和绿色化为时代特征，融合了人工智能、大数据等新技术、新要素，能够显著提高生产效率和人类生活质量，适应新时代、新经济、新产业的新型生产力。因此，竞技体育新质生产力在基本要素、作用机理、价值意蕴方面拥有独特的内涵，并在发展过程中逐步体现出时代性、普惠性、战略性和可持续性特征。

（一）竞技体育新质生产力内涵解释

竞技体育新质生产力的内涵界定和理解可以从以下几个方面入手。首先，从竞技体育新质生产力的基本要素来理解。竞技体育新质生产力体现出竞技体育领域中关键性技术和颠覆性技术的突破与劳动者、劳动资料和劳动对象的融合跃升。就竞技体育的劳动者来看，体育科技推动竞技体育发展，关键在于竞技体育人才，而与竞技体育中的新质生产力相匹配的是竞技体育指导、科研和基层组织的知识型、技能型、创新型人才，要求他们不仅掌握体育专业知识，还能够熟练运用智能化服务、数字技术、云计算、人工智能等手段，同时兼具管理、技术、服务等能力，精准对接供给和个体需求，提供更丰富、便捷、灵活的体育服务。就竞技体育的劳动资料来看，随着科技的进一步发展，劳动资料的内涵不断拓展，与竞技体育中的新质生产力相匹配的劳动资料包含以数字技术、高端算法、AI 大模型等新兴科学技术的新兴运动装备材料、智能穿戴设备、运动训练虚拟化技术、运动数据分析技术和虚拟现实技术系统。就竞技体育的劳动对象来看，

随着新质生产力的变革，劳动对象呈现出更多新赛道和新模式，与竞技体育中的新质生产力相匹配的劳动对象范围也在不断扩大，其不仅包含各类运动设施产品所需原材料等实物对象，也包含健身爱好者、运动员、体育消费者及生产运营中产生的各类数据、信息等虚拟对象。其次，从竞技体育新质生产力的作用机理来理解。随着体育改革的深入，体育事业迎来了转型升级的新机遇。新质生产力在体育领域广泛应用与开展，开发了体育的新领域、新赛道，开辟了体育的新动能、新优势，“体育新质生产力实现体育领域的技术革命性突破与劳动者、劳动资料和劳动对象的融合跃升”①，带动了体育领域的深刻变革，促进了体育现代化发展，进一步深化体育科技创新，推动体育科技的应用。新质生产力推进体育事业高质量发展，最突出的便是助力竞技体育水平持续提升。新质生产力助推竞技体育发展，紧扣新发展理念，着力于引导竞技体育高质量发展，充分应用大数据、云计算、人工智能、互联网+等数字技术，“带来更加丰富的内容，更加便捷的服务，更加灵活的机制，更加流畅的体育行为”②，以此提升体育社会价值和经济效益中形成的新技术、新价值、新业态、新要素、新模式、新动能，为竞技体育不断创新发展提供技术与要素的双向支撑。竞技体育中的新质生产力体现出竞技体育领域的关键性技术和颠覆性技术的突破与劳动者、劳动资料和劳动对象的融合跃升，催生形成竞技体育领域的新技术、新价值、新业态、新要素、新模式、新动能。最后，从竞技体育新质生产力的价值意蕴来理解。新质生产力促进竞技体育向更高水平发展。体育与科技的深度融合，对竞技体育走向更公平、更高水平发展的引领作用越来越明显。如今，竞技体育的发展与科技创新及先进生产力之间的关系愈加紧密。各种新型科技被应用于体育场馆和比赛赛场中，大大提高了竞技体育的观赏性和安全性，也进一步保证了竞技比赛的公平性。新兴的技术和理论如大数据、人工智能、基因组学等，对训练理论和方法的创新和进步

---

① 布特，苏立德，郑澜．体育新质生产力的内涵特征、价值与形成路径研究［J］．北京体育大学学报，2024，47（3）：1－12.

② 董传升，张立．新时代泛在体育治理的逻辑与策略［J］．北京体育大学学报，2019，42（6）：1－11.

产生了深远影响,① 可有效帮助运动员科学训练，减少伤病发生，延长运动寿命，为其提供更具个性化的训练指导、训练方案。加强打造具有中华独特风貌的比赛制度，创造出由各个机构协同、各方积极投入的运动比赛环境，保持和巩固优势项目，培育和挖掘劣势项目，加强推动职业体育与非职业体育、男子项目与女子项目、夏季项目与冬季项目、“三大球”与基础大项等的均衡发展，从而提升体育竞技的实力和影响力，进而助力推进“体育大国”向“体育强国”迈进。

（二）竞技体育新质生产力特征解释

1. 时代性

体育现代化是从传统体育走向现代体育的转变过程，其在适应国家发展、社会进步中必然蕴含着不同的时代特征。在以中国式现代化全面推进中华民族伟大复兴的特殊重要时刻，习近平总书记提出加快发展新质生产力，代表着“新质生产力是中国式现代化进程中的重要支撑点和创新源泉”②。在社会主义现代化建设实践中，中国共产党与时俱进的科技发展理念“不仅在实现现代化过程中，以自觉的科学精神予以批判和反省，还体现于对现代化之路的重新设定”③，竞技体育在历经学习、模仿的边缘阶段与融入阶段，如今的竞技体育已逐步走向以科技创新自立自强的快速发展阶段。随着新质生产力的快速形成与发展，竞技体育展现出了新的气象，小到运动员穿着的比赛服装、使用的比赛器材，大到通过更科学的方式助力运动员日常训练。新时代，科技进步极大地帮助大众及运动员提高运动成绩，透过更高科技的装备、监测检测手段及复原方式，更能有效提高训练水平，真正体现科技训练。例如，华中科技大学联合中国地质大学、湖北省体育局乒羽管理中心，共同推出了“AI + 生命医学技术”，助力运动普

---

① 陈小平．从助力到引领——竞技运动训练科学化的转折与发展［J］．体育与科学，2023，44（3）：1 – 10.

② 张姣玉，徐政．中国式现代化视域下新质生产力的理论审视、逻辑透析与实践路径［J］．新疆社会科学，2024（1）：34 – 45.

③ 侯强，周兰珍．新中国成立以来中国共产党科技发展理念的现代化演进［J］．社科纵横，2023，38（3）：15 – 21.

及与高水平竞技。华中科技大学联合其他两所学校和机构，通过使用 AI 与生命医学技术（即多谱光学设备、立体成像设备、生物体征设备在内的多源观测手段），获得更加具体的运动员三维人体骨架，并进一步推算出三维人体姿态估计结果。借助三维运动模型，使运动过程中的实际物理值——运动坐标、动作幅度、运动快慢、动作时间等数据一目了然，从而有利于评估训练效果。

2. **普惠性**

人民是由个体或群众的社会成员所组合的集合体，是各项事业的能动创造者和中坚力量。① 自党的十八大以来，"以人民为中心"一直以来都是国家战略的重心，坚持以人民为中心体现出新时代竞技体育的人民立场。步入新时代，竞技体育发展水平作为国家竞技体育发展影响力的重要体现，其根本价值要聚焦于以人民为中心。进入新的发展阶段后，人民群众日益增长的体育健身需求体现在物质生活、精神生活、文化体验等多个方面，这对国家的经济效益、社会效益等提出了更高要求。例如，每步科技通过高效运作 MCloud 云平台，打造了一批高水平群众性赛事，取得了良好的经济效益与社会效益。在经济效益方面，赛事的品牌价值凸显，人群效应显著，通过赛事招商以及参赛人员产生的衍生消费，直接拉动经济增长。社会效益方面，通过赛事倡导全民健身与全民健康理念，为不同区域、不同人群参与高质量赛事活动提供便利，扩大了当地影响。利用虚拟技术，可以实现虚拟数字空间与真实世界运动的融合。例如，上海虚拟体育公开赛的虚拟滑雪项目，就利用数字技术在佘山"铺"上了雪道，为参赛者提供了沉浸式的体验。加快发展新质生产力，能为满足人民对美好生活的需要提供丰裕的物质条件。由此可见，竞技体育新质生产力要聚焦人民，要将促进人的全面发展作为竞技体育工作的出发点，不断提升群众体育赛事水平，厚植竞技体育发展基础。

3. **战略性**

发展新质生产力是推进高质量发展的关键战略选择。科技创新对于国

---

① 李超群."以人民为中心"何以作为人权主体话语？——基于马克思主义语境中"人民"概念之证成［J］. 人权，2021（1）：49－71.

家经济、政治、社会、文化和生态文明的建设，构建创新型国家具有战略意义。① 在党中央坚强领导下，我国竞技体育实力从点的突破向系统能力提升迈进，从量的积累向质的飞跃迈进，科技创新在竞技体育的应用不断造福社会和人民群众。党的十八大以来，科技赋能竞技体育发展日益成为竞技体育高质量发展的战略重点。在相关政策的指引和体育科技的助力下，竞技体育成绩斐然，单项协会实体化社会改革明显等。② 新质生产力是创新起主导作用，摆脱传统经济增长方式、生产力发展路径，具有高科技、高效能、高质量特征，符合新发展理念的先进生产力质态。例如，以数智竞技为代表的新兴体育，门槛更低、互动性更高、趣味性更强，吸引更多人登录数智竞技元宇宙，提高了广大用户，特别是年轻一代对运动的兴趣，不断拓展元宇宙全民健身新体验。这就需要我们在新的发展阶段，将新质生产力赋能竞技体育作为体育强国建设的重要驱动力。这表明了在推进体育强国战略实施的路径上，要以新质生产力推动竞技体育发展，无论是对于运动员、裁判员以及教练员还是运动训练方式都会展现出非常大的优越性，从而为我国的竞技体育事业的高效发展展现出更多的科技力量。

4. **可持续性**

绿色发展是高质量发展的底色，新质生产力本身就是绿色生产力。在生态文明建设的时代背景下，竞技体育要坚定不移走绿色发展之路，依托发展新质生产力实现体育可持续发展。科技创新与绿色化发展是实现生态可持续发展的技术基础，它是人类社会进步和生态文明发展的可靠保证，③ 因而需要去寻找和发掘科学与技术的持续改进，以可持续性的特征为社会生产和生活提供足够的物质基础。而体育事业的绿色化、数字化与融合化推动了自身的可持续发展。北京冬奥会以“绿色办奥”为基础，大胆对生态环境的科学技术进行创新，并通过对这些技术的广泛应用，实现了经济、

---

① 蔡有志，陈洪. 创新驱动：我国体育科技发展的战略选择［J］. 北京体育大学学报，2014，37（4）：10-14.

② 陈丛刊，陈宁. 新征程体育现代化的目标和任务：理论逻辑与实践导向［J］. 广州体育学院学报，2023，43（1）：8-17.

③ 贾向桐. 科技创新视域下的生态可持续发展问题［J］. 人民论坛·学术前沿，2020（2）：50-57.

社会、生态价值的和谐发展，取得了奥运效益、经济效益和社会效益多重效益，① 为破解冬奥环境问题提供了新思路，是冬奥会绿色科技的新典范。绿色科技冬奥会的成功举办，促进了国际奥林匹克运动会的可持续发展，这既是竞技体育新质生产力的创新成果可持续发展的重要体现，也是北京冬奥会为促进国际奥林匹克运动会所提供的新的科技贡献和遗产。

三、竞技体育新质生产力现状、面临困境与原因分析

随着全球化和科技化的不断推进，竞技体育成为展示国家综合实力、促进文化交流、推动经济发展的重要平台。在这一背景下，竞技体育新质生产力——基于科技创新、数据驱动、人才培养等多维度因素所构成的竞技体育发展新动力，成为推动竞技体育持续、健康、高质量发展的关键因素。在加快形成竞技体育新质生产力的同时，必须清醒地看到其面临的困境和挑战。因此，对竞技体育新质生产力的现状进行深入分析，探究其面临的困境与原因，充分展现其强大动力，是十分必要的。

（一）竞技体育新质生产力发展现状分析

1. 运动竞技装备的现状分析

新一代信息技术的创新融合发展，进一步推动传统体育产业向智能化体育产业升级，推动供给侧结构性改革。数字化力量正加速驱动产业价值链重构，不仅提升了新产品、新工艺的研发速度，更能帮助行业梳理打造新型分工模式，增强生产柔性，提高产品质量，提升生产效率。制造业作为科技创新的主战场，是提升国家自主创新的源泉，体育用品制造业不仅是制造业的重要部分，更是体育产业最具有竞技活力的支柱产业。运动装备是影响高水平运动员动作表现的重要因素，这种情况在高水平的竞技比赛中更为明显。

以一项紧身车衣研究项目为例。为了研究出最能减小前行阻力的紧身

① 布特，李佼慕，邹新娴．北京冬奥会绿色科技创新与生态文明遗产研究［J］．科学管理研究，2022，40（1）：9－17.

车衣，研究团队使用3D扫描技术详细地捕捉了Tom Dumoulin行车状态的三维模型，并利用3D打印技术打印出了原比例高精度的Tom Dumoulin假人模型，并使其穿上不同面料和表面材质的紧身车衣，在风洞装置中利用粒子图像测速仪（Particle Image Velocimetry）分析空气流经过身体不同部位时粒子的运动。虽然传统认为越光滑的表面材质越能减小阻力，但他们的研究发现，由于行车中的人和自行车并不是流线型，空气阻力不能简单地进行计算，实际测试中在不同身体部位采用不同粗糙度的面料反而更有利于减小整体阻力。最终他们根据研究结果设计出了一套紧身车衣，Tom Dumoulin穿着这套车衣参加了当年的环法自行车赛，并在计时赛中以超出第二名一分钟的成绩获得了冠军。

通过对紧身车衣研究项目的深入探索可知，首先，科技创新在体育竞技领域的应用正逐渐改变着传统的认知和实践。利用3D扫描和打印技术，研究团队能够精确捕捉运动员的动态形态，并通过实验验证不同的设计和材料对性能的影响，这为运动装备的研发提供了全新的思路和方法。其次，这一研究展示了科学实证的重要性。尽管传统观念认为光滑的表面材质能减小阻力，但实验结果表明，在复杂的运动环境中，这一假设并不总是成立。这提醒我们，在追求性能优化时，必须基于实际测试和数据分析，而非简单的假设或经验。最后，研究强调了跨学科合作的价值。将物理学、流体力学、材料科学和运动科学等多个领域的知识和技术相结合，能够产生出令人瞩目的创新成果。这种跨学科的融合不仅推动了体育装备技术的进步，也为其他领域的研究和应用提供了借鉴。

近年来，体育器材上市公司正在科技创新和数字赋能高质量发展的思路下，精准把握市场需求，在管控成本的前提下，仍然以打磨产品竞争力为基础，构建差异化的产品体系。中国体育用品企业以科技创新为支撑，培育、发展新质生产力，积极拥抱数字化和绿色化两大技术变量，挖掘行业高质量发展新动能，智能化的体育设施、智能型的虚拟赛事以及智能的体育科技产品走入了许多人的运动生活中，为中国体育制造业向高端化、智能化、绿色化转型发展提供了新动能。例如，在河北定州，由政府主导、市场化运行和专业化运营的创新中心大力推动“体育用品定州造”的专业化、高端化、智能化发展。该创新中心发挥了筑巢引凤的作用，为集群发展引入人才，对接企业需求，助力提升产品的科技含量和核心竞争力。截至目前，当地已成功孵化出10余家工业设计企业，帮助完成了天华“短道速滑防护垫”、威尔特“沉浸式智能滑雪训练器”、恒达“快速调重哑铃”、华洋“智能健身驿站”等100多个产品设计。

在各个运动项目的比赛场上，科技含量的运动装备越来越普遍。例如，拳击运动员需要具有灵敏性和包裹性的鞋；举重运动员需要具备能高效支撑核心力量的运动装备；体操运动员需要能具备平衡抗阻，且能充分展示动作的运动服装；等等。这些装备尤其体现在国际大型体育赛事中，装备的细微差别，可能会导致运动动作的巨大变化。而值得注意的是，不管是奥运会的场馆建设，还是运动员所需要的装备和仪器设备，很多都是由中国生产的。例如，安踏研发制造了许多项目的运动装备，包括拳击、跆拳道、体操等；北京冬奥会的转播技术是由阿里云提供。与世界智能制造业发展强国相比，我国智能制造业还有一定差距，但我国智能制造业发展是以国家政策为指引，体现出中国特色社会主义市场经济的优点与优势。尽管在初级阶段我国工业基础比较薄弱，但通过技术引进、模仿学习、规模扩张，最终实现技术创新不断赶超，① 取得了众多成就。我国步入“十四五”时期、深入实施创新驱动发展战略以来所形成的最新的体育用品科技产品，涵盖了环保哑铃、健身仪表新概念产品、多功能滑行板、AI智能魔镜等。例如，杭州光粒科技有限公司研发了AR智能泳镜，在技术上应用了全息显示，能够快速识别运动信息，AR和现实互不干扰，不会影响运动者在运动上的体验，深刻改变了人们游泳的方式。

冰雪装备制造业在冰雪产业链中占重要的地位，意义十分重大。而这些有着几十年甚至近百年生产经验的国外品牌，自然成为普通消费者甚至是各类冰雪娱乐场所购买装备的优先选项。但鲜有人知的是，号称“中国手套名城”的山东嘉祥，以及具有完备滑雪镜产业带的广东、福建等地所生产出的各类产品，销往全球各地，成为全球冰雪装备市场背后的强大制造力量。不仅如此，全球中高端滑雪服、滑雪头盔和单板雪靴的产地也基

---

① 周铭扬，王先亮．智能制造赋能体育用品制造业的作用机理、制约因素与转型升级路径[J]．中国体育科技，2023，59（8）：65－72.

本上位于中国。当中国的运动队在 1980 年首次亮相冬季奥运会时，运动员们只穿着不具备防风防雨效果，且只有保暖作用的“东北老秋裤”，甚至简陋到让外国运动员一度以为，这条来自神秘东方的滑雪裤具有什么鲜为人知的特殊功能。冰雪运动竞技的背后是科技实力与制造力的较量。而运动员在赛场上争分夺秒的步伐，一如中国制造业从未停下的前进脚步。

在冬奥会的筹备之际，中国冰雪品牌“黑龙”冰刀肩负重任，勇破核心技术壁垒，成功研发出首款钛合金 T 型速度滑冰高级冰刀。这款创新产品通过独特的关键材料的应用和冰刀构造设计，实现高端冰刀的全面自主研发。钛合金 T 型速滑刀的诞生，不仅使得我国在高端冰刀技术上实现了创新突破，也使其达到了国际领先的地位，进一步巩固了“黑龙”品牌在市场中的影响力。相较于传统的圆形支撑梁，T 型支撑梁具备更强的横向抗扭曲性能，并能降低滑行阻力，减少运动员的能量损耗。这款冰刀在刀桥与刀管之间采用了轴套式的滑动连接结构，这种设计能更精确地控制运动间隙，保证两者间的往复运动准确无误，同时增强了整体结构的耐用性。刀片选用了双金属材质，底层磨削层采用更耐磨损的合金钢，使得冰刀每次打磨后的滑行距离至少翻了一番。

这款新型冰刀不仅改变了依赖国外冰刀的局面，进一步加快我国冰雪运动的普及与推广，还打破了国外在技术和市场上的垄断，填补了我国冰刀自主品牌在国际高端市场上的空白。同时，我国“冰强雪弱”的局面也逐渐被打破。从传统毛皮滑雪板到如今的高科技滑雪板，是中国制造从美好愿望向现实愿望的转变。

2. 运动训练方法的现状分析

体育科技对于训练体系的科学化发挥了巨大作用。通过不断引进和创新运动训练的新理论和方法，加强教育学基础和运动训练生物学的理论研究，重视康复和体能等新兴理论与方法的应用和创新，我国在提高运动能力、保持运动健康和减少运动损伤等方面取得了重大成效，同时突破并解决了理论研究和实践需求的关键点和难点，促进了训练体系的不断进步。随着科技的进步与发展，现如今的竞技体育，让人们认识到中华体育精神的强劲动力，也让人们感受到体育科技对于竞技体育不断发展和保持核心的重要作用。科技也被应用在竞技体育中，以提高运动员的体能素质，优化训练方法，改进竞赛管理，提高竞技水平，促进了体育科技与竞技体育训练的紧密结合。

运动素质测试系统涵盖了广泛的运动性能测评要素，如视觉和听觉反应时间、弹跳力、垂直摸高、跳远、加速度、速度、步幅、触地和离地时间、腾空时间、功率输出、频率、能耗以及各类统计数据和图表，包括标准偏差、变异系数等。此外，还配备了便于携带的体能训练工具，可进行分段计时、反应、速度和灵敏度测试。便携式分段计时系统提供即时速度、阶段平均速度、各节点和全程时间的数据。运动素质测试系统展现了当代体育科技在运动员评估与训练领域的广泛应用与深度发展。

科学训练方法是提升运动效能和比赛成绩的关键，它驱动着竞技体育的持续进步。如今，科学训练已全面渗透到运动员的各个方面，包括营养管理、心理调适、体能增强、技能训练和康复治疗等。借助新技术的集成应用，训练变得更加精确。在篮球等需要复杂技巧的运动中，无标记视频捕捉和人工智能技术能详细记录和解析运动员的奔跑、跳跃、速度变化等，个性化定制训练负荷成为可能。在滑雪、花样滑冰或体操等需要精细动作的项目中，高速智能摄影机能捕捉到肉眼无法辨别的微小动作差异，这些技术已被纳入裁判和教练的判别和评估体系中。

从美国职业篮球联赛的 Sport VU 系统，到美国橄榄球联盟的 Kin-duct 管理系统，再到德国足球的 SAP Match Insights 系统，乃至高尔夫的 Track Man 分析和游泳的 TritonWear 系统，这些先进的数据追踪和分析工具，不仅可以记录运动员的表现，还可以对数据进行处理和加工，以提供直接的指导依据和决策信息。这些系统的出现，标志着体育竞技已经从传统的经验式训练转变为数据驱动的科学化训练。它们能够精确记录运动员在比赛和训练中的每一个细节，并通过强大的数据处理能力，将这些数据转化为有价值的指导依据和决策信息。随着技术的不断进步和数据的不断积累，未来的体育竞技将更加依赖数据，更加科学化、智能化。

在科学的训练理念和方法的运用下，优秀运动员的体能水平差异会越来越小，而在这种情况下，技术因素成为影响成绩的决定性因素。例如，在东京奥运会中，“挪威方法”这一训练体系在中长跑、铁人三项等领域取得了巨大成功。“挪威方法”的背后，其实是技术 + 数据 + 运动科学的驱动。

“挪威方法”体系，更倾向于采用身体内部指标来监控训练。他们的训练哲学认为，让训练围绕身体内部指标可以让训练针对性更强，并且最大程度避免运动损伤。例如，在室内环境变量保持不变的情况下进行骑行台或者跑台的有氧训练，“挪威方法”体系更倾向于让心率维持在目标区间，而非预设功率区间。挪威训练模式依靠可穿戴设备将身体内部指标的监控发挥到了极致，指标有血乳酸、血糖、核心温度、碳水消耗、通气成分分析、身体成分分析等。数据驱动，是他们这个模式成功的关键，他们采集运动员不同训练阶段的身体数据，从而实现对运动员训练和状态无比精确地把控。无论是什么运动项目都是以人为核心的，在这样的核心逻辑支撑下，通过技术手段监控身体内部指标肯定能得到比监控外部指标更好的效益。

“挪威方法”体系为我们提供了一种全新的训练视角，即以人为本，以数据为驱动。这一训练的核心在于认识到运动员的身体是一个复杂而精密的系统，通过监控身体内部指标来实现训练的科学化、个性化和高效化，这对于提升运动员的竞技水平、促进运动训练的科学发展具有重要意义。

数智赋能运动科学训练并不是对传统训练方式的质疑否定，而是充分应用科学技术的优势，在科学训练理论的基础上对训练模式、训练方法的提质增效与创造更新。① 在科学技术的加持下，促进训练主体更加广泛、训练依据更为全面、训练主体更加协同、训练过程更加智能、训练目标更加科学，从而推动竞技体育训练生态系统的价值共创，推动竞技体育可持续发展。

3. **运动训练监控的现状分析**

监控是将影响运动员发展的因素，以量化的方式呈现出来，这些因素包含训练负荷、生活压力、受伤情况和营养状况，且这些监控的结果会与运动员的发展及运动表现有所关联。运动训练监控起源于肉眼观察、手工

---

① 吴彰忠，钟亚平，史金田，等．数智赋能科学训练：内涵逻辑、国际经验与本土实践［J］．体育学研究，2023，37（1）：82－94.

记录、主观感觉等方式，经历了多年的发展，逐渐向科学化的监控方法转型，当前较多地使用可穿戴设备、视频分析、生理生化指标分析等方法，并与心理学科相交叉来对运动训练进行监控。传统上，监测手段涵盖了运动表现、行为、生理、生化以及感知等多个方面。然而，近年来科技迅猛发展，催生了众多监测设备，例如可穿戴传感器、全球导航卫星系统（GNSS）追踪器、功率计。① 这些创新工具能够即时监测运动员，旨在全面采集与训练特异性支撑相关的关键信息。② 监测可用于评估运动员对训练计划特性的适应和反应程度，并有助于确定训练和比赛剂量，尤其是在密集赛程期间。新的训练和监控手段的应用，让传统竞技训练脱胎换骨，为奥运会运动员、职业运动员的体能训练以及运动表现提升提供科技支撑，逐渐成为高水平竞技比赛获胜的关键手段。尤其是优秀运动员，需要更加专业、系统的竞技状态监控，通过监控结果，了解自身的竞技状态和训练进展，同时有效地监控运动损伤，从而提高训练的个性化和针对性，进而提高运动员的训练效果和竞技成绩。

华中科技大学联合中国地质大学、湖北省体育局乒羽管理中心，共同推出了“AI+生命医学技术”，助力运动普及与高水平竞技。华中科技大学联合其他两所学校和机构，通过使用AI与生命医学技术（即多谱光学设备、立体成像设备、生物体征设备在内的多源观测手段），获得更加具体的运动员三维人体骨架，并进一步推算出三维人体姿态估计结果。借助三维运动模型，使运动过程中的实际物理值（运动坐标、动作幅度、运动快慢、动作时间等）数据一目了然，从而有利于评估训练效果。该项目的成功实施，启示我们在面对复杂问题时，跨学科的合作与交流能够产生更大的创新力。同时，借助科技手段对运动过程进行精确量化，有助于推动运动训练的科学化、系统化，为运动普及和高水平竞技的发展提供强有力的支撑。

大数据技术被广泛运用到运动模式分析，使得运动训练数字化、实时化成为可能。运动监控能“充分了解运动员的移动和方向变化、运动角度

---

① Imbach F, Candau R, Chailan R, et al. Validity of the Stryd power meter in measuring running parameters at submaximal speeds [J]. Sports, 2020, 8 (7): 103.

② Perrey S. Training monitoring in sports: it is time to embrace cognitive demand [J]. Sports, 2022, 10 (4): 56.

和速度大小等，极大地增强了运动健康的精准性和便利性”①。近年来，人工智能在运动训练上日益广泛，AI 赋能运动训练旨在为运动员提供个性化、高效的训练手段。智能速度功率测试系统作为 AI 赋能运动训练的典型应用，集成了多种功能，包括实时监测、数据分析、反馈调整等。首先，该系统可以通过穿戴设备或固定式传感器收集运动员在训练过程中的各项生理指标数据，如速度、加速度、功率等。随后，系统将数据传输至云端，利用人工智能算法进行实时分析，找出运动员在训练中的不足之处。最后，系统会根据分析结果为运动员提供针对性的训练建议，以优化训练效果。以体能的监控训练为例，其中包含力量、速度、耐力等的监控指标数据。其中力量训练对于体能训练的关键内容，近年来基于速度的力量训练监控在国内外得到普遍认可，例如，“基于速度的力量训练（VBT）”② 与“飞轮离心训练”③。同时，目前常用的大数据监控设备也被应用于监测和评估不同速度能力的训练。另外，关于耐力训练的数字化监控主要包含周期性运动项目、非周期性的运动项目以及对抗类项目。目前，有一种能通过无创的方式来获取运动员多项生理指标的数字监控设备，能有效对运动员进行运动状态的实时监控。根据这项技术得来的监测结果，教练员可以根据它来为运动员设定适宜的训练区间，并且帮助他们合理安排训练计划和调整计划，为赛前备战、赛中竞技、赛后恢复提供更精确的数据支撑。

Omegawave 技术能快速便捷地收集运动员的各种生理指标，并能即时提供全面的体能状况评估和诊断。其工作原理是基于对运动员的心电图（心率）和脑电波（中枢神经系统）、静息心率、训练安全心率阈值、中枢神经系统状态、心肺健康状况、心率变异性、肌肉性能（包括力量、速度、耐力和技巧）、疲劳度、能量代谢指标以及自主神经系统平衡（涉及交感和副交感神经系统的平衡）的精确测量和计算。这使得系统能判断运动员的准

① 陆施熠，胡海旭，金成平，等. 运动训练负荷的多模态监控模式及实践策略［J］. 中国体育科技，2024，60（1）：33－45，60.

② 廖开放，高崇，杨威，等. 基于速度的力量训练：应用基础与训练效果［J］. 上海体育学院学报，2021，45（11）：90－104.

③ 李文华，李春雷，吴晓姝，等. 飞轮离心超负荷训练与传统力量训练对运动员的运动表现影响比较的 Meta 分析［J］. 首都体育学院学报，2023，35（1）：86－99.

备状态、疲劳程度，并推荐适宜的“训练窗口”期。例如，在苏炳添的训练中，Omegawave 系统会评估他每天的速度、耐力、爆发力、力量、协调性和技术训练的负荷，以确保在防止伤害和过度训练的同时，实现训练效果的最大化。

在如今竞技水平不断提高的现状下，运用科学技术对运动员身体机能以及运动表现进行检测和评估显得极其重要。科学技术融入竞技体育训练，有效推动了体能训练与健康的精准化、个性化与数据化，更好地帮助运动员调整竞技状态，提升竞技成绩。未来将借助科学技术深入开展关于竞技体育多方面、多项目、多人群的实证研究，以更好地促进运动员训练时短期和长期的目标设定，系统提高运动员竞技能力。

4. 竞技体育异化的现状分析

科技创新是发展新质生产力的核心要素，发展新质生产力的关键在于原创性、颠覆性的科技创新，其中蕴含诸多不确定性和新的伦理风险。① 随着社会的进步，我国的竞技体育正逐渐迈向市场化和专业化，这使得作为体育事业发展重要精神支撑的体育伦理备受社会关注。值得注意的是，竞技体育的根本目的在于探索和提升人类的潜力，促进人的全面发展，其中，人的自然属性是至关重要的元素。科技的应用本应助力人类突破运动极限，然而，随着科技的进步，其在竞技体育中的影响力日益增强，从辅助角色演变为引领角色，导致人们开始按照科学规律来改造和优化身体，以适应竞技体育的需求，但这无疑削弱了人的自然本质，也违背了竞技体育的本性。当体育竞技逐渐演变成科技较量，竞技体育的本质和吸引力也在逐渐淡化。与科技紧密相连的政治、经济在体育竞技中扮演了越来越显著的角色，而这往往在一开始就对体育的公平产生了疑问。在这种背景下，竞技体育中的人文精神也面临着重大挑战。

科技的滥用在兴奋剂事件中揭示了人文价值的严重侵蚀和失衡。为了追求竞技场上的卓越表现，一些运动员选择无视健康风险和法律规定，甘

---

① 闫金红，李繁荣．新质生产力视域下颠覆性科技创新的伦理分析与风险防控［J/OL］．北京理工大学学报（社会科学版）：1 – 8［2024 – 05 – 14］．https：//doi. org/10. 15918/j. jbitss1009 – 3370. 2024. 0810.

愿承受身体损害。玛利亚·莎拉波娃因服用违禁药物米屈肼而遭受两年的禁赛处罚；罗马尼亚的一支皮艇队伍因药检未过关，在等待进一步调查期间失去了比赛资格；国际奥委会透露，可能有31名2008年北京奥运会选手因旧样本复检呈阳性面临禁赛；而在2012年伦敦奥运会男子94公斤级举重比赛中，前三名及第四至第七名中的多数选手兴奋剂检测结果均为阳性，这表明这一级别的前七名中有六人涉及违规。有消息报道，举重项目正面临严峻的信誉危机，国际奥委会甚至在考虑是否将其逐出奥运会，这不仅玷污了运动员的荣誉，也威胁到他们毕生献身的运动的未来。这些事件也让我们深刻反思，如何在体育竞技中平衡科技与人文价值的关系。也让我们认识到，体育竞技不仅仅是追求成绩和荣誉，更重要的是传递体育精神，弘扬公平竞争、尊重他人、尊重规则的价值观。只有在这样的基础上，体育竞技才能真正实现其社会价值和意义。

当前，体育行业的创新发展正在向人工智能融合的方向转变，技术与身体行为的关联已经成为体育伦理研究的主要方向，① 而其是否具有伦理价值，是体育发展和体育科技进步的重要标准和当代议题。在体育竞技上我们总是对药物兴奋剂问题极其敏感，但对于高科技的追求已经成了一种新的“兴奋剂”，而且是一种无法用简单的测试手段进行排查的“兴奋剂”。当顶级运动员间只存在一秒甚至十分之一秒差距的时候，任何能够提升成绩的手段似乎都值得去尝试。

在美国职业橄榄球大联盟比赛中，洛杉矶的体育场上出现了一群非同寻常的观众（人工智能机器人），它们有着像“正常人”一样的外貌，这意味着科技的发展已经步入新的阶段，但同时，这带来了一系列重要问题，也引发了很多思考。据报道，这些观众与身边热情欢呼的球迷格格不入，它们面无表情地被投放在球场的大屏幕上，在球场的其他地方也能看到他们的身影。有些网民评论道，“会对它们的出现感到不安”。

洛杉矶体育场上人工智能机器人的出现，深刻反映了科技进步与社会接受度之间的紧张关系。这些拥有“正常人”外貌的机器人观众，无疑为

① 周生旺，程传银．身体与技术：身体哲学视域下人工智能融入体育的伦理审思［J］．上海体育学院学报，2021，45（9）：1－11.

观众带来了前所未有的视觉体验，同时也提出了关于人类与机器共存、机器伦理以及个人隐私等问题的新挑战。这些面无表情的机器人与热情欢呼的球迷之间的鲜明对比，揭示了机器在模仿人类行为时，仍然难以完全复制人类的情感与复杂性。这引发了我们对于机器是否能真正理解和体验人类情感的深入思考。此外，这些机器人的出现也引起了公众对于隐私和安全的担忧。它们可能被用于监视、数据收集或其他未知目的，这要求我们重新审视和制定相关的法律和伦理规范，以确保科技发展的同时，不会侵犯到个人的隐私和安全。人工智能机器人的出现既展示了科技的进步，也提出了我们需要共同面对和解决的新问题。

首先，AI 机器人在某些方面的能力已经超越了人类，如计算速度、记忆和处理复杂信息的能力，这引发了对人类安全的担忧；其次，伦理问题浮出水面，需要深入思考 AI 机器人是否有权利参与体育竞技，它们的出现是否会影响运动员的就业机会，以及如果机器人犯错时谁应该承担责任等问题。然而，我们不应仅仅因为 AI 机器人的能力强大就否定它们的潜力。实际上，它们在体育竞技中有着广泛的应用前景，可以帮助教练分析运动员的表现，为运动员提供更精确的反馈和指导，同时提高观众的比赛理解和观赏体验。今后，价值异化、道德失准都将作为科技融入体育所重点关注的伦理范畴，其中体育价值异化主要体现在身体道德失准，之后，关注体育参与者身体与生命道德的实现，这也是当前和未来的重要议题。

体育科技应用于体育的核心价值在于以技术为支撑手段，广泛渗透于体育领域的各个方面的发展需求。但伴随着科技的不断进步，“体育智能化的伦理问题和道德困境不断显露出来”①，给当下以法治为主的体育治理方式带来了挑战。比如当下智能健身器通过大规模平台信息交换与深度学习，实现了自主性分析，往往具有自主算法、自主决策能力与自我赋能，并能够以技术强制形式干预人的行动。② 近年来，源于精英体育的各种高科技通过降低成本或轻量化的方式涌入运动康复、群众体育等领域，科技的负面

① 刘正，曹宇．智慧体育的伦理审视［J］．体育文化导刊，2018（3）：149－153.

② 徐正旭．我国体育科技伦理治理：边界、内容与途径［J］．体育科学，2023，43（2）：87－97.

效应也从竞技体育的不公平比赛逐渐转向体育参与者自主性、尊严性或公平性受损。伴随着体育科技的迅猛发展，体育科技融入社会大众的领域越来越宽，科技用品不断替换人类的身体活动，成为未来体育发展的主要模式，越发无“身体”的体育活动，也给人类的生存和发展带来了伦理上的新危机。这种现象还可能随着体育科技的再升级、迭代而更加恶化，造成原本强调体育公平的社会中弱势群体享有的体育权利越来越少，逐渐让这部分人更加远离体育运动。

（二）竞技体育新质生产力面临困境分析

1. 竞技体育科技与技术瓶颈

竞技体育是以参加体育竞赛，挑战人类潜能为最终目的，以此来获得优异参赛成绩或以获胜为终极目标的实践活动。而科技助力竞技体育是充分适用先进科学技术和管理科学，通过不断进行科技创新来提升运动员竞技水平和成绩。面对数字化潮流，只有以创新思维加速推动竞技体育科技驱动，才能在竞技体育竞技中赢得先机与优势。事实上，世界竞技体育发达国家不仅具有很强的竞技体育综合实力，其科技助力水平也处于世界先进水平，其高科技充分应用于运动训练、运动竞赛、运动康复、运动选材等方面。从国际情况来看，“当前美国、英国、法国和日本的竞技体育科技助力水平较高”①，是体育科技市场的重要主导者。与世界竞技体育强国来比，我国竞技体育发展条件依旧薄弱，主要体现在新科技、新技术、新材料等先进设施未能有效融入竞技体育的各方面中。② 现如今，我国竞技体育科技水平明显落后于西方竞技体育科技发达国家，究其问题：第一，竞技体育科技的自主创新能力有待提高，竞技体育训练的科技产品研发技术大多引进国外或者模仿国外的体育的科技产品，其中不精细、不均衡、不稳态的体育科技研发是当前突出的问题；第二，新材料、新技术、新装备等未能全面引入竞技体育领域，现有的新材料、新技术、新装备不能充分满

① 郭月德，彭国强．世界竞技体育强国科技助力奥运备战举措及启示［J］．体育文化导刊，2023（9）：7－14．

② 杨国庆．中国竞技体育的发展困囿与纾解方略［J］．上海体育学院学报，2022，46（1）：1－9．

足竞技体育发展的实际需要，导致竞技体育中科学化、智慧化程度不高，科技驱动力量还比较薄弱；第三，教练员和运动员倾向于且局限于传统的训练模式和备战模式，还不能适应高科技的体育科技产品在模式上的应用；第四，相关高校关于体育科技的整体基础研究有待提高，竞技体育科技资源整合不足，高水平的科研成果和人才缺乏。由此可见，我国竞技体育科技与技术存在诸多问题，导致科技引领竞技体育发展的动力不强，这严重制约了竞技体育的创新发展。

2. 竞技体育价值异化与伦理问题

随着科学技术在竞技体育应用的不断深入，竞技体育的发展逐渐获得社会公众的广泛支持和包容。但由于国内国外发展形势的深刻变革，竞技体育发展逐渐呈现国际化、职业化和商业化的态势，以及由于国家相关政策法规、治理模式等的不规范和不健全，竞技体育价值异化的问题和伦理的现象也逐渐暴露出来，“如体育精神缺失、竞技目的背离等问题”①，甚至频繁爆出竞技体育不公平现象，这逐渐成为人们关注的焦点。我们应该清楚地认识到现代科技对于竞技体育来说是一把“双刃剑”，这取决于对科技助力竞技体育的价值考虑。在过往的竞技比赛中，采用不正当手段和技术获得比赛胜利的事件不在少数。例如，为了获取比赛的胜利，许多运动员和教练员采取不正当手段，部分运动员服用兴奋剂以超水平发挥，部分裁判员谋取私利操作比赛等，这不仅违背了原有的比赛规则，使比赛失去公平性，也严重有悖于体育精神的传承和发展，偏离了竞技体育的根本意蕴。现如今，高科技在竞技体育的应用，使比赛成绩飞速提升、比赛过程顺利。其中运动员接受多种高科技手段，突破自身的运动极限，提高自身的运动成绩。事实证明，高科技在竞技体育领域多个方面广泛运用，帮助体育设施、体育装备、体育器材不断更新，帮助运动员、教练员和裁判员水平和能力高速进步和发展。但值得考虑的是，体育是为人服务的，人不能成为体育的“奴隶”。部分教练员为赢得比赛，忽视体育运动训练中的基本规律要求，对运动员不加特殊而采用统一的训练方案，忽视运动员的个性化需

---

① 李宣廷，贺彬，钟胜男．竞技体育领域中的异化现象及其根源探究［J］．沈阳体育学院学报，2023，42（3）：107－112.

求特点，不仅不能提升运动员的竞技水平，还有可能损害运动员的身体，致使训练出现逆向效果。这充分体现出，竞技体育可以充分运用高科技手段，但要保持科学化，要注重人的培养，以人为主体。

3. 竞技体育数据隐私泄露风险

科技的快速更新与广泛应用，使得计算机、物联网、通信等技术对体育过程进行更深层次的信息挖掘和采集。各国在重视体育发展的同时，尤其重视数据信息的采集、分析以及保密工作。在大数据时代背景下，海量的数据的产生涉及个体隐私的暴露，个人的行动轨迹都属于数据的收集范围内。① 在大数据技术的支持下，科技成为竞技体育竞争的重要内容，数据采集和分析在其中的应用比重逐渐增大。数据分析现在是体育行业的一部分。随着大数据采集和分析技术的不断提升，这也使得传统的训练方式、手段、方法以及运动员的特征、能力等指标都充分暴露出来，这给竞技体育带来很大的挑战。运动员和参赛队伍可以接触到大量的数据。然而，越来越多的数据存储和传输带来了网络风险。许多运动员和运动队的数据已经存储在网络空间当中，这就给了黑客以入侵系统并窃取数据的机会。例如，运动员通过使用可穿戴设备进行训练监测和评估，但可穿戴设备一般难以将实时采集的海量传感数据存储在本地，也无法运行高能耗的计算任务，因此通常依赖于一个集中的中央数据库，这就使得数据在上传、集成和应用阶段面临多主体访问和规模化泄露的风险。从历届奥运会来看，数据都是黑客、不法分子们关注的目标，2012 年伦敦奥运会、2016 年里约奥运会、2020 年东京奥运会等的数据泄露事件频繁出现，这足可见数据安全保障的任务难度和艰巨性。另外，近年来，随着体育彩票销量逐年增长，公众和媒体对于体育彩票相关信息保持着高度敏感，体育彩票数据安全性也就显得尤为重要。

4. 竞技体育科技发展的不平衡问题突出

新发展阶段背景下，新的社会矛盾要求各项事业极力解决不平衡不充分问题，探索更有利于满足人民美好生活需要的生活方式。在体育强国建

---

① 王奇，颜小燕. 大数据时代我国体育发展面临的机遇与挑战 [J]. 体育与科学，2016，37 (1)：75 - 80，86.

设的目标导向和问题导向下，要从现在体育发展不平衡、不充分的问题角度出发。从新时代社会主要矛盾的角度来看，我国体育事业不平衡不充分的现状依然存在，重点领域和关键环节改革任务依旧严峻，这种情况在竞技体育领域同样突出。从竞技体育发展不平衡困境来看，主要体现在运动项目核心竞争力不平衡、运动项目结构不平衡、竞技体育区域资源分布不均衡等问题方面。竞技体育还存在与群众体育、学校体育之间的发展不平衡，尤其是竞技体育与全民健身发展的矛盾问题。同时，竞技体育发展与经济发展不匹配，与其他行业协同发展阻力较大。竞技体育与全民健身阻隔大，短期难以满足人民日益增长的美好生活需要。① 从竞技体育发展不充分困境来看，其主要存在结构、效益等问题。例如，在 2021 年东京奥运会上，中国代表团共获 38 枚金牌，其中优势项目约占金牌总数的 72%，而非优势项目的整体水平与世界体育发达国家的差距还很大。同时，还存在夏季项目与冬季项目、对抗性项目与非对抗性项目以及冰上项目与雪上项目之间的矛盾问题。另外，举国体制与市场机制结合的综合效益不高，我国竞技体育还存在投入与产出之间的效益矛盾问题。

5. 竞技体育多元主体治理联动欠缺

现代社会的复杂性、多样性的发展趋势使得竞技体育治理困境，需要更多元的主体参与。尤其是进入新时代，竞技体育发展获得了巨大动力，竞技体育治理逐渐从单一管理向“多元治理”转变，从政府无限权力向有限权力转变。但由于政府行政管理的惯性影响，导致当前竞技体育在社会和市场中的治理还不成熟，单项协会改革存在困境。② 同时，在外部环境和市场机制的影响下，国家正加大对竞技体育相关政策引导，推进全国及地方单项体育协会实体化改革，推动其共同承担发展竞技体育的职责。但在实施的实际过程中，竞技体育治理仍偏重于政府行政手段执行，使得竞技体育治理改革步履艰辛。一方面，政府与社会管理的权责不清。政府在竞技体育事务中占据主导地位，大部分单项体育协会的权力来源于政府的授

---

① 彭国强．“两个大局”背景下中国竞技体育发展：形势分析、现实困境与创新方略［J］．体育科学，2023，43（4）：3－13.

② 崔李明，杨桃．新发展阶段下我国竞技体育治理体系改革的推进路径［J］．西安体育学院学报，2022，39（5）：561－569.

权，这导致社会组织、市场组织管理竞技体育事务的权力被挤压，甚至许多社会和市场组织拥有执行权但没有决策权。竞技体育治理能力不足、自主决策权不高。另一方面，改革开放以来，我国由过去的计划经济体制逐渐转变为社会主义市场经济体制，必然要求政府要从过去的计划管理型转变为服务型政府，但偏重于由政府执行的运行机制在短期内并没有改变，导致以政府主导、社会参与、市场运行的竞技体育发展进程缓慢。在这种情况下，竞技体育治理成效不突出，呈现出政府驱动无效、社会内生无力和市场运行无序的状态，严重阻碍竞技体育的良性、可持续发展。

（三）竞技体育新质生产力面临困境原因分析

1. 竞技体育政策落实不到位

我国体育科技发展并没有实现真正的共生发展。在当今世界的复杂变迁之中，我们依旧停留在一种相对孤立的发展框架内。这种模式导致了信息和能量的孤岛现象，使得各主体之间几乎无法实现有效的交流与合作。缺乏互联互通的基础设施和规则体系，导致资源浪费严重，效率低下，创新能力受限。在这样单一发展模式运行下，我国竞技体育将一味强调追赶和模仿，很难进行创新突破。究其原因，首先，竞技体育管理部门与单项体育协会脱钩严重，难以形成合力发展。各级政府部门、单位、组织在推进竞技体育科技中存在着角色定位难以把握、职能权利难以划分以及相互关系难以厘清等问题，其中竞技体育管理部门在发展中多采取间接式参与方式，易导致管理缺位，而单项体育协会由于“多种约束”导致涉入不足。与此同时，地方竞技体育管理部门对地方竞技体育协会的支持力度不大。就地方足协而言，发展好的地方足协拥有优质的资产，可是大部分单项体育协会很难获得足够的赞助、营收业绩也很低，同时也很难获得地方财政的支持。① 其次，体育资源分配不均衡导致竞技体育发展的不平衡不充。一方面，不同地区的资源支持力度水平存在差异，发达地区的竞技资源支持力度较高，而欠发达地区的资源支持力度则相对滞后。另一方面，不同运

---

① 刘波，郭振，尹志华，等．加快建设体育强国背景下竞技体育发展新模式研究［J］．体育学研究，2023，37（1）：22－32，46.

动项目的资源支持力度存在差异，一些热门运动项目的资源支持已经相对成熟，而一些冷门项目则相对滞后。最后，竞技体育呈现出的伦理问题十分严重。一方面，一部分群众对于体育事业从事人群一直以来是“四肢发达，头脑简单”的刻板印象，而体育科技致力于“为国争光”的价值观念也同样被一些人群“硬化”。另一方面，竞技体育科技的应用过度导致价值异化现象，其中包含那些违背体育竞赛规律、违背运动身心健康的产品，即便科技含量很高，但同样会对竞技体育的公平性、公正性产生极大的影响。今后，科技道德、实践道德、体育道德、身体道德都将作为科技融入竞技体育所重点关注的道德范畴，其中身体道德具有统领作用，用于约束科技融入竞技体育的异化，关注竞技体育参与者身体与生命道德的实现，这也是当前和未来的重要议题。

2. 竞技体育创新能力不足

在数字经济的背景下，体育技术的自主创新反映出了体育科学技术的发展水平，体育技术的自主创新能力也成了国家体育强国的核心竞争力。① 当前和未来体育科学的研究在很大程度上将更依赖现代科学技术。但目前我国体育科技自主创新、研发能力以及科学训练中一系列关键问题解决上存在不足。首先，我国竞技自主创新能力不足。虽然我国体育科学技术已初步形成了以奥运为基础的研究范式，但在技术应用的深度与广度、产品性能的稳定性以及市场竞争力的提升等方面存在明显的缺陷。② 我国目前主要依靠进口设备和核心软件，在技术上的研究相对落后，存在着核心技术的“卡脖子”问题，而且由于外国的技术企业长时间的“只租不售”，同时在竞技运动的训练与科研过程中，大量的科学技术产品都是从国外引进的，或者是对其进行模仿的，从而导致我国的竞技体育科技创新始终处于低端水平。究其原因，是因为我国的竞技体育的科技创新能力还很弱，尤其是在关键核心技术上缺乏重大突破。这进一步明确了中国竞技体育科技存在技术壁垒，创新性不高。其次，我国竞技体育科研领域的研究方法创新性

---

① 陈刚．广泛开展全民健身运动，加快推进体育强国建设——以十九大精神为指引开创江苏体育发展新局面［J］．体育与科学，2018，39（1）：1－6.

② 张健，孙辉，李婷文，等．大型体育赛事及其衍生品的社会经济效益与优化策略［J］．西安体育学院学报，2020，37（1）：51－58.

不高。我国体育科研方法主要借鉴国外体育发达国家的体育科学研究,① 因此,需要提高我国体育科研的自主创新能力,提高体育科技创新能力,进而促进体育事业的智慧化水平。最后,我国在竞赛训练中存在一系列核心关键技术问题有待攻破。例如,在训练组织系统构建中存在战略认知水平不够与协同工作机制欠缺问题,在数智技术系统构建中存在基础设施建设推进缓慢与缺乏有效的数据管理问题,AI 技术在日常训练应用中存在算力损失与算力浪费问题②等。

3. 竞技体育支撑力量薄弱

新质生产力赋能体育科技各层面,实现科技创新与体育领域的交叉融合离不开体育科技力量的支持。目前仍存在以下问题:首先,竞技体育管理体制和运行机制存在问题,缺乏创新活力。其主要体现在竞技体育科技创新的管理体制不完善、运行机制不健全、竞技体育科研机构的设置落后、资源配置的规范化亟待完善,以及竞技体育科技创新过程中各类创新主体发展的制度有待完善等方面。例如,一些竞技体育部门,存在同时负责管理竞技体育事业和运营竞技体育产业的情况,这种重叠导致了职责不清晰、管理效率低下的局面。其次,竞技体育方面的科研经费有限。我国竞技体育科研经费与发达国家相比,在竞技体育科技的投入上存在一定的差距。同时,我国科研经费在来源结构上也表现得比较单一。目前我国体育领域的科研经费来源单一,主要来源于政府财政投入,体育企业的科研资金来源主要是企业自筹。最后,竞技体育科研成果转化率较低。在某些领域中,我国的科技成果水平与国外相比毫不逊色,但是从科研成果转化率来看却远远低于国外的很多国家。虽然中国专利申请量冠绝全球,但发明专利占比只有一半,实用新型和外观设计等创新性高的专利较多,这个特点在中国体育专利上也存在,而且发明类占比更低,实用新型更高,可以大致理解为创新性更低。而全球专利的发明类占比超过 3/4,外观设计占 1/5。全球体育专利的发明类占比更是高达 95%,外观设计类也占比很低。从当前

---

① 黄谦,熊优,江礼磊,等. 数字科技赋能体育强国建设的逻辑理路与推进路径［J］. 体育科研,2023,44(4):1-7,16.

② 蔡腾旭,袁际学,李翼飞,等. 运动监控中心率变异性分析方法的研究进展［J］. 体育科技文献通报,2022,30(10):246-249.

的实际情况来看，针对竞技体育科技过程中存在核心关键技术问题，存在“高投入，低产出”的情况，在很多问题的处理上，缺少必要的创新能力。据统计，发达国家体育科研成果转化率一般为60%～70%，但是我国的体育科研成果转化主要服务于竞技体育的发展需求，贡献只有20%～30%。①

4. 竞技体育人才培养力度不够

体育事业是一个既蕴含传统文化，又涵盖创新思维的行业。智慧体育的研究发展，归根结底是要依靠一大批体育科技专业人才和创新人才。② 竞技体育高素质人才是竞技体育发展的决定性因素，也是体育强国建设的核心力量。虽然近年来我国数字科技与体育有了很好的融合发展，取得了阶段性研究成果，但在体育科研人才方面，与世界发达国家相比还有一定的差距。首先，我国竞技体育与科技结合的人才培养相关研究比较缺乏。从我国竞技体育的相关科技研究和成果来看，多以宏观视角的发展策略研究和聚焦科学技术在体育各领域的实践应用和产品研发为主，但缺少关于如何建立竞技体育的科技人才培养机制、完备竞技体育的科技人才队伍结构等与竞技体育的体育科技人才培养相关的研究。其次，我国竞技体育人才的综合素质能力有待提高。进入新发展阶段，实现2035年建成体育强国战略目标，对高素质体育人才的需求更加迫切。目前，体育人才队伍规模、素质、结构等方面仍有较大差距，亟须对新时代竞技体育人才队伍建设作出规划和安排。当竞技体育人才对体育系统科学知识的掌握不牢固，不能准确理解运动项目的特征以及训练的本质规律时，就很难胜任竞技体育科技攻关项目和科研工作服务。最后，竞技体育科技高端人才短缺。就竞技体育而言，西方发达国家体育科研水平仍然保持着领先地位，并且我国在国际领域中缺少竞技体育领域中的科技专家，这就进一步造成我国在国际领域中与科技相关的竞技体育话语权低。竞技体育中科技人才短缺，精通体育事业发展知识的竞技体育的科技人才更是匮乏，我国目前对于竞技体育中的科技人才需求量还很大。

---

① 关朝阳，周娜娜．当前我国体育社会科学成果转化的现状、问题及转化路径［J］．沈阳体育学院学报，2020，39（1）：125－131.

② 曹宇，刘玫瑾，刘正．我国智慧体育研究回溯与展望［J］．体育文化导刊，2021（1）：34－39.

四、竞技体育新质生产力发展对策

加快形成竞技体育新质生产力要立足我国体育事业发展实际，从明确国家竞技体育新质生产力战略任务、聚焦竞技体育新质生产力关键技术突破、重视竞技体育新质生产力的人才培养、加大竞技体育新质生产力科技成果转化力度、深入开展竞技体育新质生产力国际交流与合作等方面入手，为体育事业高质量发展注入强大动力。

（一）明确国家竞技体育新质生产力战略任务

战略任务是党领导人民改造世界、变革实践、推动历史发展的有力武器。体育科技发展与竞技体育发展战略、全民健身国家战略、健康中国战略、创新驱动发展战略等战略密切相关。以新质生产力赋能竞技体育发展，要聚焦体育强国战略，面向其时代性、战略性、普惠性、可持续性发展目标，以体育科技赋能竞技体育促使国家强大、社会进步和人民幸福。第一，面向竞技体育促使国家强大方面。科技兴则民族兴，科技强则国家强，综合国力的竞争说到底是科技的竞争。要秉持中国式现代化理论，紧跟国际竞技体育的发展潮流，通过体育科技融合技术创新、知识创新、文化创新、制度创新等推进竞技体育创新，赋能我国竞技体育优势项目竞争地位、提高我国竞技体育潜能项目的项目实力以及推动我国竞技体育落后项目和三大球的科学化训练水平。第二，面向竞技体育促使社会进步方面。竞技体育产生于人类的生活实践，在推动社会进步中有着重要的价值意义。加快建设体育强国，就是要大力推动竞技体育发展，让体育为推动社会进步提供强大的能量。第三，面向竞技体育促进人民幸福方面。新时代体育科技要回答“体育发展中的社会之问、人民之问，作出回答中国实际和人民期盼的正确回答”①，这也是竞技体育发展进程中必须回答的问题。竞技体育作为体育强国的重要标志，在满足人民健康幸福生活需要上发挥着重要的作

① 鲍明晓．全面建设体育强国的核心逻辑、战略要点和关键问题［J］．北京体育大学学报，2023，46（2）：1－10.

用。在不同的时期竞技体育的战略重点和目标不一样，但从始至终都坚持贯彻“以人民为中心”，积极解决不平衡不充分问题，充分体现竞技体育在满足人民群众对美好生活向往与促进人民健康全面发展方面的普惠性特征。

（二）聚焦竞技体育新质生产力关键技术突破

在百年未有之大变局的背景下，关键核心技术的突破对于体育领域的整体性变革具有颠覆性意义。纵观历史，生产力的重大变革与科技创新密切相关。每一次科技革命都促进了产业升级，带来了生产力的巨大进步和生产关系的深刻变革。对此，体育科技核心技术攻破要坚持以问题为导向，奔着目前时代最紧迫、最紧急的问题出发，从发挥新型举国体制制度优势、加强原创性基础研究以及推动核心技术融通创新三个方面发力。第一，构建竞技体育核心技术攻关新型举国体制，发挥其制度优势。在原有举国体制政府领导经验的基础上，重视市场机制的作用，不断优化资源配置，围绕国家战略需求，强化科技支撑力量，提高核心技术攻关能力，① 在科技创新领域形成竞争优势，逐步推进竞技体育科技关键核心技术成果向市场转化。第二，持续供给竞技体育核心技术攻关原创性理论，加强其基础研究。基础研究事关核心技术的突破创新，是理论和研究的知识源头。要把握科技发展趋势和国家战略需求，聚焦前沿问题和重大应用研究中抽象的理论问题，凝练出有针对性的基础研究问题，② 探索竞技体育领域中具有战略性、前瞻性、统筹性的前沿方向和基础理论研究，推动涌现更多“从 0 到 1”的重大原始科技突破。第三，优化竞技体育科技核心技术攻关主体协同机制，推动其融通创新。融通创新关键在于跳出自身单点思维，从整体系统思维出发，通过新型治理方式，促进各大规模协同实施共享，为创新科技成果的跨界应用和业务推广提供创新机会。③ 要求协调政府与社会和市场

---

① 钟贞山，王希金．新时代科技自立自强与全面建设社会主义现代化国家——习近平总书记关于关键核心技术攻关重要论述研析［J］．湖北大学学报（哲学社会科学版），2023，50（1）：10－19，174.

② 习近平：加强基础研究　实现高水平科技自立自强［J］．环境科学与管理，2023，48（8）：1－3.

③ 陈劲，阳银娟，刘畅．面向2035年的中国科技创新范式探索：融通创新［J］．中国科技论坛，2020（10）：7－10.

的利益和价值关系，建立利益共享机制，同时以国家重大科技专项为引领，带动竞技体育科技领域间知识的融通，布局竞技体育科技发展规划，积极应对市场变化进行同步调整，全面提升竞技体育的智慧化水平以及实现竞技体育领域间的交互交流，全面实现竞技体育科技关键技术自主可控。

（三）重视竞技体育新质生产力新兴人才培养

在以新质生产力推动实现中国体育现代化的发展过程中，体育人才发挥着至关重要的作用。党的二十大报告强调，教育、科技、人才是全面建设社会主义现代化国家的基础性、战略性支撑，要“深入实施科教兴国战略、人才强国战略、创新驱动发展战略”①。因此，只有通过不断创新培养新型竞技体育科技人才，才有更多的机会将新型科技手段应用在竞技体育中，甚至是为世界竞技体育与科技应用贡献价值。对此，加大竞技体育科技人才培养力度，建议从以下三个方面出发。第一，强化竞技体育科技人才培养意识。聚焦竞技体育人才的培养、引进、评价、激励等关键环节，加大政策创新和支持力度，强化新质生产力在促进竞技体育科技人才全面发展中的重要作用，为体育强国建设培养人才贡献力量。第二，优化竞技体育科研人才培养机制。培养竞技体育人才，需要政府、社会、大众的共同支持，推动人才培养机制的健全和创新发展。要把培育国家战略竞技体育人才力量的政策重心放在青年竞技体育科技人才上，给予青年竞技体育科技人才更多的信任、更好的帮助、更有力的支持，为他们成长和发展搭建舞台、拓展空间。构建具有中国特色的培养竞技体育科研人才培养体系，“通过构建国内外学术交流平台来发现人才，加大政策激励和表彰活动来举荐人才，设定和建设人才培养基地来培养人才，努力建设国家体育科技人才高地”②，为竞技体育科技人才提供一流的合作平台。第三，加快建设高水平竞技体育的科技人才中心和创新高地。积极发掘遴选并引进高水平的

---

① 中共中央关于认真学习宣传贯彻党的二十大精神的决定［N］. 人民日报，2022－10－31（1）.

② 李颖川. 不忘初心，继往开来，为体育科技事业发展谱写新篇章——在中国体育科学学会成立40周年纪念会上的讲话［J］. 体育科学，2021，41（1）：3－6.

竞技体育信息技术科研及开发人才，同时建设国际化人才法律法规体系，为各类竞技体育人才全面、安心发展增强保障，从而支持他们更好开展国际体育科技合作。

（四）加强竞技体育新质生产力成果转化力度

国家体育战略科技力量要以国家战略需求为导向、以国家战略任务为牵引，从提升体育科研主体创新能力、加大竞技体育的技术研发资金投入以及构建竞技体育科技力量创新体系三个层面出发。第一，提升体育科研主体创新能力。根据我国体育学科的研究状况，深入了解我国体育学科发展的特点，逐渐将体育科研从以“数量”为主转向以“质量”为主的价值导向。要以前沿为引领、以市场为导向，发展体育新型研发机构，探索体育研发的新型组织形态，推动体育科研院校、体育研究所向市场与企业开放，促进各类创新要素向企业聚集，从而促进产学研的深度融合。第二，加大竞技体育的技术基础研究资金投入。持续加大政府财政支持力度，通过宏观调控和市场运作来引导地方政府围绕社会经济效益加大竞技体育的科技基础研发和应用基础投入，强化竞技体育的科技攻关等重大战略任务经费保障，夯实创新物质基础，充分发挥政府财政的引导作用。强化市场的主体地位，鼓励以社会力量为主体，通过募捐和建立基金等方式开展多方式、多渠道投入基础研究，加快形成多元投入格局和稳定投入机制。第三，构建竞技体育的科技力量创新体系。充分发挥国家作为重大科技创新体系构建的战略引领作用，加快建立国家实验室、研究型大学、一流科研院所和创新型领军企业协同参与的创新体系，不断做大、做强、做优国家重点实验室，加快提升竞技体育的科研主体创新能力。同时，以新质生产力为主线，“引导社会力量参与国家实验室等国家战略科技力量建设，促进全国各级各类科研院所、高等院校和优质企业的良性互动和有机融合，系统提升解决‘卡脖子’问题的能力和效率”①。

---

① 曹景伟．以高水平体育科技自立自强赋能新时代体育强国建设［J］．体育科学，2023，43（2）：3－11.

（五）深化竞技体育新质生产力国际交流合作

国际交流合作是促进科技创新事业发展的必由之路，是加强世界文明互鉴、应对全球共同挑战的重要途径。① 党中央高度重视国际科技交流合作，习近平总书记多次强调，“科学技术是世界性的、时代性的”。这就要求重视加强国际科技的交流合作，积极主动参与国际合作，以此提升我国竞技体育在全球体育科技治理中的话语权，为推动构建全球体育共同体做出贡献，实现中国与世界科技发展的共赢。对此，深入开展竞技体育科技国际交流与合作建议从传播中国特色体育思想、深度参与全球竞技体育治理体系改革以及积极开展具有差异化、有特色的竞技体育交流合作三个方面努力。第一，传播中国特色体育思想。中华体育文化蕴含着丰富的内涵与价值，是我国体育发展的持续动力，也是国际体育发展的经验借鉴。大力推进体育科技转型，加强智慧体育开放合作，以实现体育可持续发展目标。第二，深度参与全球竞技体育科技治理体系改革。主动发起竞技体育全球性创新议题，鼓励中国科学家以及体育学专家、体育机构发起大型体育科学研究计划，贡献我国竞技体育治理中的经验选择，提高在国际体育治理中的影响力。积极推动构建更加完善的竞技体育科技管理体制和运行机制，积极参与全球竞技体育科技治理，以竞技体育科技现代化为众多发展中国家提供新的借鉴典范。第三，积极开展具有差异化、特色化的竞技体育科技交流合作。加大青年竞技体育科技人才出国学习交流支持力度，提升竞技体育科技人才国际活跃度和影响力。同时，不断丰富竞技体育科技创新合作形式，针对不同国家、不同机构的实际情况，围绕共同关注的竞技体育科技创新问题寻找解决路径，开展高水平务实交流合作。例如，科技助力“双奥”备战训练、场馆设施以及关键技术突破的成功经验，将成为我国体育界以及全球体育发展的重要科技交流项目。

---

① 侯建国．奋力开创国际科技交流合作新局面［J］．当代世界，2023（5）：4－9.

第七章 体育新质生产力体育产业论

新质生产力的形成要不断整合科技创新资源，积极发展战略性新兴产业和未来产业，这不仅意味着要以科技创新推动产业创新，更体现了以产业升级构筑新竞争优势、赢得发展的主动权，注重科技创新、高质量发展和与新兴产业的融合，代表了生产力的革新和未来发展方向。[①] 随着大数据、人工智能和区块链等具有标志性的新一代数字技术引领的第四次科技革命全球展开，体育产业作为国家的重要新兴行业，正向网络化、信息化和智能化转型发展。[②] 发挥新质生产力在推动体育产业高质量发展中的关键作用，是对传统体育产业生产要素的革新，是高新技术革命所产生的新型生产力形态，是解放和发展生产力的客观要求，是建设体育强国的推动力。因此，在立足新发展阶段、贯彻新发展理念、构建新发展格局的时代语境下，体育产业要以科技创新驱动，加速实现技术革命性突破，促进体育产业结构升级，实现向数字化和绿色化方向发展，不断推动体育产业发展质量和规模的增长，在高质量发展过程中迈出新步伐，在国家推动形成新质生产力发展中发挥重要作用。

---

① 李政，廖晓东．发展“新质生产力”的理论、历史和现实“三重”逻辑［J］．政治经济学评论，2023，14（6）：146－159.

② 潘玮，沈克印．新科技革命背景下体育产业信息化建设价值、问题与路径［J］．体育文化导刊，2022（9）：74－81.

一、体育产业高质量发展：新质生产力的理论诉求

马克思认为，生产力是人们应用能力的结果，但是这种能力本身决定于人们所处的条件，决定于先前已经获得的生产力。① 生产力的提升不仅是社会进步的重要指标，也是评价社会发展水平的基础性准则。在社会主义建设中，释放和增强生产力的潜能，是其最基本的使命和目标。这一过程不仅涉及技术和物质条件的改善，还包括生产关系的优化，以促进整个社会的全面发展和进步。新质生产力便是通过科技创新来实现关键技术革命性突破而形成的生产力。因此，新质生产力理论为我们提供了认识体育产业高质量发展的新视角。深入探讨新质生产力助推体育产业高质量发展的理论诉求，分析其内涵及特征，对于指导实践、推动产业创新具有重要意义。

（一）新质生产力助推体育产业高质量发展的内涵

"体育产业作为我国的新兴产业和未来产业，必然将成为新质生产力的组成部分。"② 新质生产力作用于体育产业，其基本内涵是以劳动者、劳动资料、劳动对象及其优化组合的跃升为要义。首先，劳动者的跃升。体育产业战略人才和应用型人才将更加紧密地协作，将使体育产业在新质生产力的推动下，实现更加可持续和全面的发展。其次，劳动资料的跃升。在新兴科技的渗透下产生越来越多以智能化、数字化软件和数字系统为核心的新型劳动资料，提升体育产业生产效率和服务质量。再其次，劳动对象的跃升。在新质生产力的推动下，数据作为一种新型生产要素，在促进体育产业数字化转型、提高产品和服务质量、实现资源优化配置等方面发挥着重要驱动作用，成为体育产业发展的新型劳动对象。最后，三大要素优化组合。生产要素之间相互配合、协同发展，促进体育产业结构优化、配置合理、提质增效，推动体育产业质量变革、效率变革、动力变革，实现

---

① 马克思，恩格斯．马克思恩格斯文集：第 10 卷［M］．北京：人民出版社，2009：43.

② 布特，苏立德，郑澜．体育新质生产力的内涵特征、价值与形成路径研究［J］．北京体育大学学报，2024，47（3）：1－12.

体育产业高质量发展。

发挥新质生产力对体育产业的助推作用，是以科技创新为核心，在实现技术革命性突破、创新体育资源要素配置、促进体育产业转型升级、提升体育社会价值和经济效益中形成的新技术、新价值、新要素、新业态、新模式、新动能。在“新”的丰富中引申出“质”的革新。首先，物质革新。“历史唯物主义认为，物质生产力是全部社会生活的物质前提，同生产力发展一定阶段相适应的生产关系的总和构成社会经济基础。”① 体育产业生产的产品和服务具有更智能化特征、更高质量形态和更全覆盖链条。其次，本质革新。创新驱动是形成新质生产力的原动力。本质上，在新质生产力助推下，体育产业已区别于大量消耗资源的传统生产模式，以绿色化、低碳化为发展目标，通过采用循环利用和废物再生技术、节能环保材料和设备等新型劳动资料来减少碳排放与废弃物产生，形成绿色低碳的生产运营模式。再其次，质量革新。形成体育产业高质量发展的生产力，要求传统劳动力三要素的跃升，提高全要素生产率，实现从高速增长向高效增长的跃升，为体育产业高质量发展提供强大持续动力。最后，品质革新。体育产业在新质生产力的升级和改造中，推出更多的体育新产品、新服务和新业态，不断满足日益增长的多元化需求。

（二）体育产业发展新质生产力的关键特征

体育产业发展新质生产力要以新型人才为主体特征、以科技创新为技术特征、以要素融合为配置特征、以产业链延伸为结构特征、以绿色转型为形态特征，不断提升全要素生产率，加快推进体育产业深度转型升级，实现体育产业高质量发展。第一，新型人才为体育产业高质量发展的主体特征。新质生产力在助推体育产业高质量发展的过程中，新型人才通过创新创造，促进体育科技的迭代突破，推动了体育劳动资料和劳动对象的升级拓展，从而实现体育产业的新质生产力形成和发展。第二，科技创新为体育产业高质量发展的技术特征。人工智能、大数据分析、物联网等新技术的应用深刻改变着体育产业发展质量和效益，提高了体育产业的生产效

① 习近平．坚持历史唯物主义不断开辟当代中国马克思主义发展新境界［J］．社会主义论坛，2020（2）：4-6.

率、管理方式和服务质量，在高端体育装备制造、数字化赛事运营推广、智慧体育场馆等产业各领域实现了突破性进步，为群众提供多元化、个性化的服务，带来了全新的体育消费体验。第三，要素融合为体育产业高质量发展的配置特征。数据作为生产过程中的关键要素，不仅是连接各个环节的纽带，也是推动整个产业创新的核心力量。数据以其低边际成本、强渗透性和融合性等特点实现了体育产业各实体和非实体要素的高效适配和深度组合，实现了体育产业多要素的渗透融合。第四，产业链延伸为体育产业高质量发展的结构特征。随着体育产业的信息化、智能化水平的提升，新模式、新业态、新产业不断涌现，拓展出产业发展的新空间、新领域和新赛道。一方面，新技术、新产品和新服务不断迭代升级，实现传统产业链的价值增值，促进了体育产业多维度的融合发展。另一方面，新兴产业的出现不仅创造了强交互、高沉浸、多样化的消费场景，也带动了相关产业的发展，提升了体育品牌的影响力。第五，绿色转型为体育产业高质量发展的形态特征。在新质生产力的推动下，“绿色”理念的植入，使体育产业摆脱了以往高耗能、高污染的发展方式，通过采用节能减排新技术、新工艺、新材料和新能源等方式推动体育产业经济活动的绿色化，为体育产业实现绿色化转型提供保障，体现出鲜明的绿色发展底色。

二、体育产业高质量发展：新质生产力的关键问题

我国体育产业已经进入由“高速发展”向“高质量发展”转型的关键阶段，这也是我国体育产业实现全面升级的重要时期。在“量”与“质”两手抓的双重压力下，新时代体育产业的高质量发展面临人才供给、技术创新、要素应用方面的关键问题。

（一）动能变革推动力不足：新型人才短缺

“厚植科技创新这一新质生产力核心的关键，就是要强化劳动力质量。”①随着高等教育的全面发展，我国形成了世界最大规模的高等教育体系，接

① 王珏，王荣基．新质生产力：指标构建与时空演进［J］．西安财经大学学报，2024，37（1）：31－47.

受高等教育的人口已超过2.4亿（图7－1），①高素质人才供给充足。“教育要切实转化为生产力，就要在培养过程中与生产深度融合。”②体育产业高质量发展不仅需要具备丰富知识储备的高素质人才，更需要具备新兴科技专业技能、跨界合作、协同创新能力的复合型创新人才。面对技术迭代更新的时代背景，现行教育体制下的体育产业人才培养模式与新质生产力的需求不太匹配，传统的教育体制注重知识的灌输和应试能力的培养，忽视了信息获取能力、创新能力、实践能力的培养，对体育新技术的学习与应用的融入程度不足，无法适应体育产业作为新兴行业的快速发展。例如，目前高校体育学科专业结构有待调整优化，高校体育专业设置仍然以体育教育、运动训练、运动人体科学、电子竞技运动与管理、体育旅游、体育康养为主，在新的发展阶段和新形势下，尚未积极调整和推动体育与人工智能、量子科技、电子信息等未来新兴领域的相关专业设置，未能满足体育产业的国家战略人才和急需紧缺人才需求，更无法达到新质生产力的形成和发展要求。

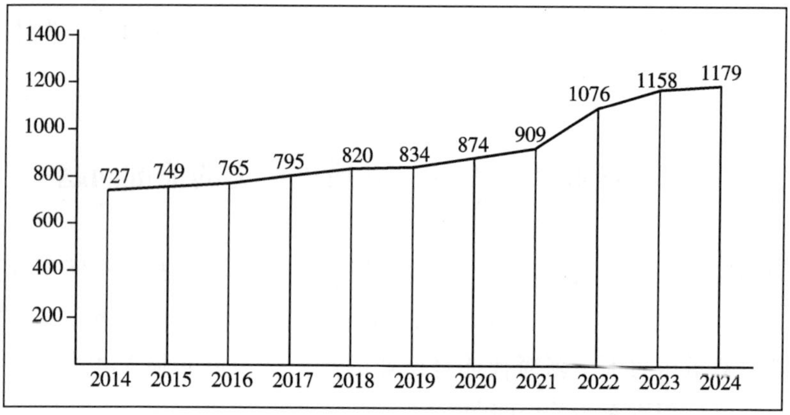

图7－1　2014—2024年全国普通高校毕业人数（万人）③

① 人民论坛网．高学历人才超2.4亿！人才红利如何充分释放？［EB/OL］．（2023－09－25）［2024－03－29］．https：//baijiahao. baidu. com/s？ id＝1777974090615800512&wfr＝spider&for＝pc.

② 魏崇辉．新质生产力的基本意涵、历史演进与实践路径［J］．理论与改革，2023（6）：25－38.

③ 数据来源：中华人民共和国教育部政府门户网站.

（二）技术创新驱动力不足：产业转型受限

新质生产力本质上是高新科技驱动的生产力。① 党的二十大报告将科技创新的战略意义提升到新的高度，以科技引领发展，以科技带动转型，以科技强化动能，我国社会主义现代化建设步入快车道。近年来，我国始终把创新摆在我国现代化建设全局的核心位置，坚持创新驱动。2012—2023年，我国的全社会研发投入从1.03万亿元增加到3.3万亿元，研发投入规模稳居世界第二，全球创新指数排名从第34位跃升至第12位，是前30名中唯一的中等收入经济体。科技创新对产业升级的支撑作用日益增强，产业数字化、智能化转型步伐加快，数字经济规模从2014年的16.2万亿元增加到2022年的50.2万亿元，占GDP的41.5%，居世界第二。② 技术层面的转型升级，为体育产业的技术创新创造良好的生产条件，但当前技术创新驱动的短板仍然存在。首先，体育产业技术创新发展不均衡。我国体育产业技术创新分布区域集中在强经济地带，科研经费和科技资源分配不均，应用场景较为集中。其次，体育产业技术创新存在技术壁垒。传统体育产业适配新型科学技术的转型实践不足，技术创新存在产业发展壁垒。最后，科研融合产业创新有待加强。我国基础科研与产业融合发展存在一定距离，技术研发与产业实践衔接不够，企业科研成果转化亟待加强。

（三）要素赋能牵引力不足：数据应用乏力

数字经济时代，数字技术、数字平台、数字产业等新兴业态迅速发展，逐步成为企业产业链现代化水平提升的重要动力。近年来，我国数字经济规模呈现出指数型增长趋势，从2016年的22.6万亿元到2022年达50.2万亿元，占比GDP从30.1%增加到41.5%，总量世界稳居第二。同时，我国体育产业规模总值也呈现高增长态势，从2016年的1.9万亿元发展到2022年3.3万亿元（表7-1），计划2025年将超过5万亿元。数字经济助力体

① 张林，蒲清平．新质生产力的内涵特征、理论创新与价值意蕴［J］．重庆大学学报（社会科学版），2023，29（6）：137-148.

② 梁圣蓉，罗良文．新时代加快形成新质生产力的焦点难点与关键路径［J/OL］．当代经济管理，［2024-03-29］．https：//link.cnki.net/doi/10.13253/j.cnki.ddjjgl.2024.07.002.

育产业规模扩大，为体育产业转型升级提供了基础支撑，但由于数据要素的开发利用水平偏低，一定程度上制约着数字技术与体育产业之间融合机制的形成。一方面，体育产业数字融合不充分，数字技术应用在体育产业总量方面的贡献不显著；另一方面，数据要素与数字技术的价值尚未得到充分释放，导致体育产业数字化转型升级的内生动力不足；再一方面，传统体育企业运营中，海量数据没有得到充分留存，造成数据丢失和浪费，管理效率低下，体育各部门未有效整合分析数据，形成数据孤岛。①

表 7-1 2016—2021 年数字经济规模和体育产业规模总值数据（亿元）②

年份	数字经济规模	数字经济规模占比 GDP	体育产业规模总值
2016	226000	30.1%	19000
2017	272000	32.9%	22000
2018	313000	34.8%	26579
2019	356000	36.2%	29483
2020	392000	38.6%	27372
2021	455000	39.8%	31175
2022	502000	41.5%	33008

三、体育产业高质量发展：新质生产力的内在逻辑

新质生产力能够促进传统产业转型升级以及战略性新兴产业、未来产业的形成和发展，顺应高质量发展的目标要求。③ 从生产力与生产关系角度来说，新质生产力以科技创新赋予体育产业新的生产能力，推动了劳动者、劳动资料和劳动对象的全面跃升，通过三大要素的优化组合，实现了体育

① 吕铁．传统产业数字化转型的趋向与路径［J］．人民论坛·学术前沿，2019，（18）：13－19.

② 数字经济数据：2016—2021 年数字经济规模数据来源于中国国家网信办的《数字中国发展报告 2022 年》；2016—2022 年的体育产业规模总值数据由《中国体育事业统计年鉴》《中国统计年鉴》、国家统计局和国家体育总局网站以及相关核心文献整理收集得来。

③ 周文，许凌云．论新质生产力：内涵特征与重要着力点［J］．改革，2023（10）：1－13.

产业的科技创新进步，科技创新和转化能力得到显著提升，灵活掌握了数字技术、AI大模型、高端算法等新兴技术；深化了多维度的协同融合，促进了体育产业的要素协同、模式协同、业态协同、区域协同和产业协同，产生了新要素、新模式、新业态、新产业，进一步完善了体育产业链、畅通供应链、提升价值链；展现出了体育产业绿色、低碳、循环、可持续的发展价值，实现了经济效益和社会效益的统一；推动了体育产业提质增效，促进了各生产要素高效联动组合，形成了多元化的产业结构，提升了全要素生产率，构建了现代化产业体系。新质生产力以产业升级构筑发展新动能新优势、开辟发展新领域新赛道、赢得发展主动权和话语权，实现我国体育产业的高质量发展（图7－2）。

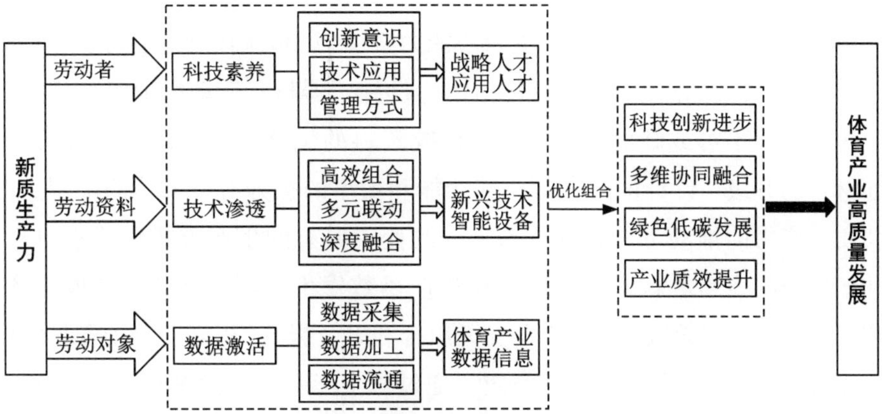

图7－2　新质生产力助推体育产业高质量发展的模型图

（一）劳动者跃升：创造新技术、新理念、新模式

在工业化发展的各个阶段以及不同的经济结构中，“劳动者”的概念是动态变化的，体现在劳动者自身发展水平及其外延不断扩大上。体育产业新型劳动者是具有现代先进技术应用能力、知识快速迭代能力、新兴环境适应能力、科技思维创新能力的新型体育人才，具体包括能够引领科技创新发展方向的战略人才和熟练掌握新型劳动资料的应用型人才。战略人才通常是指能够创造体育产业新技术、新理念、新模式的创新者，凭借其对市场趋势的敏锐洞察和创新能力，引领体育产业的方向，制定出符合未来

发展的战略规划，在推动体育产业的科技革新和理念更新中起到了核心驱动力的作用。应用型人才是指能够熟练运用新技术、新设备的专业人员，是新技术的实践者和优化者，能够将战略人才的规划转化为具体的操作和服务，其技术应用能力和对新工具的熟练操作，将直接影响到体育产业生产效率和服务质量的提升。因此，新型体育产业劳动者作为体育产业发展最活跃的主体，其对体育产业发展发挥着引领作用，是不断创造更多体育产业新技术、新理念、新模式的决定性主体。

（二）劳动资料跃升：实现数字化、智能化、信息化

由于数字化、智能化和信息化成为产业的主要技术载体，新质生产力中的劳动资料有别于传统生产力中以硬件和装备为主体的劳动资料，软件和数字系统成为新质劳动资料的核心能力载体。① 传统体育产业劳动资料的特点是物理性和静态性，它们包括体育设施、器材、运动场地等，这些都是体育活动不可或缺的物理基础。传统资料的优化通常依赖于物理改进，如材料的升级、设计的改良等，其功能和效率的提升有着天然的限制。在新质生产力的推动下，通过技术渗透改变了原有的生产方式和要素组合，并产生新的要素。新的要素介入让生产函数发生了新的变化，规模经济、范围经济、学习效应会产生新的交叉组合和融合裂变。② 新质劳动资料的核心能力载体是智能软件和数字系统，通过对生产要素进行深度挖掘和集成，促使生产资料高效组合、多元联动、深度融合，实现了要素之间的有机衔接、资源共享和集成应用，极大地提高了资源利用效率，产生了人工智能、区块链等新兴技术工具以及数字化、智能化、信息化的体育设施，实现了体育产业劳动资料的跃升。总之，劳动资料的跃升代表了体育产业向智能化、数字化转型的趋势。这种转型不仅是技术层面的升级，更是体育产业发展模式和理念的重大变革。在新质生产力的不断推动下，体育产业将能够更好地满足现代社会的需求，实现高质量的发展。

---

① 林春霞. 以新质生产力要素为引擎赋能传统产业［N］. 中国经济时报，2024 - 03 - 05 (3).

② 林毅夫. 新质生产力：中国创新发展的着力点与内在逻辑［M］. 北京：中信出版社，2024：58.

（三）劳动对象跃升：展现新空间、新领域、新样态

在传统生产力中，劳动对象通常是有形的、物理的，如运动场地、体育器材等。新质生产力的劳动对象则大大超越了传统界限，数据成为新的劳动对象。在新质生产力的推动下，数据渗透至体育产业全流程中，展现出其在激发创新活力、提高生产效率、优化资源配置等方面的重要作用，通过对体育产业要素的数据采集、加工和流通，体育产业在生产技术应用、产业运营管理、业态模式创新等产业链和价值链两端都得到数据要素的全面激活，驱动体育产业生产要素的整合，形成了具有“数字基因”的体育产业生态系统，使产业劳动对象转变到数字空间领域，展现出新样态。国家互联网信息办公室发布的《数字中国发展报告（2022 年）》中提及：“数据资源规模快速增长，2022 年我国数据产量达 8. 1ZB，同比增长 22. 7%，全球占比达 10. 5%，位居世界第二。截至 2022 年底，我国数据存储量达 724. 5EB，同比增长 21. 1%，全球占比达 14. 4%。”① 据此可以看出，数据将成为未来推动体育产业高质量发展的重要生产要素。数据在体育产业中的应用，主要包括对体育赛事的数据采集、分析和利用，对运动员训练、运动康复等数据的收集和分析，以及对体育产业资源要素的数字化整合和网络化共享等。随着新质生产力的不断形成和发展，数据要素的应用范围日益扩大，从最初单纯的赛事服务和场馆运营，逐渐扩展到包括运动员管理、虚实结合竞技运动、粉丝互动、消费者画像等在内的全产业链，为体育产业的发展打开了新的维度，带来了“数据赋能”“智能驱动”的全新发展机遇。

（四）三要素优化组合：发展高水平、高效率、高质量

新质生产力推动下体育产业的三要素优化组合，即新质劳动者、新质劳动资料、新质劳动对象的协同发展，标志着体育产业向更高效、更智能、

---

① 中国网信网．国家互联网信息办公室发布《数字中国发展报告（2022 年）》［EB/OL］.（2025 - 05 - 23）［2024 - 04 - 20］. https：//www. cac. gov. cn/2023 - 05/22/c_ 1686402318492248. htm.

更可持续的方向演进。这种优化组合不仅提升了各单一要素的功能，还创造出“新质要素×其他要素”的组合方式，结构性地提升了要素组合的效能，推动了体育产业的全面升级。① 这不仅体现在技术层面的进步上，更体现在体育产业发展模式和理念的变革上，形成了多要素协同发展的新格局，赋予了体育产业更高的附加值。随着体育产业新质生产力三要素的优化组合，将进一步提高体育产业的科技含量和创新水平，形成以高水平科技创新为核心、以多维协同融合为支撑、以绿色低碳发展为导向、以产业质效提升为目标的新发展模式，更好地适应现代社会的需求，实现体育产业的高质量发展。

四、体育产业高质量发展：新质生产力的实践构想

新质生产力借助科技创新的力量，为体育产业注入了新的生产动能，进而促进了劳动者技能、劳动资料以及劳动对象的全面提升。通过对这三大核心要素的重新优化与组合，不仅推动了体育产业的科技创新步伐，更进一步通过产业升级，为发展注入了新的动力和优势。因此，本研究旨在从实践构想的角度出发，探讨体育产业高质量发展的路径和策略，以新质生产力的视角为体育产业的高质量发展提供新的思路和方向。

（一）培育体育新动能：人才培养增强创新能力

“新型体育人才兼具劳动主体和劳动对象的双重属性，其对于体育颠覆性科技的创新和应用拥有‘本位’的理解能力和实践能力，在体育科技创新的‘躬亲实践’中表现出更强的技术敏感性，是在知识、技能、创新能力等方面表现出更强能力优势的劳动者群体。”② 在数字经济突飞猛进的当下，体育产业的高质量发展需要大量新型人才的有力支撑。“当前我国高等教育已进入普及化教育阶段，去年底毛入学率超60%。教育部部长怀进鹏

---

① 魏崇辉．新质生产力的基本意涵、历史演进与实践路径［J］．理论与改革，2023（6）：25－38．

② 布特，苏立德，郑澜．体育新质生产力探究［J/OL］．天津体育学院学报：1－7［2024－04－24］．http：//kns．cnki．net/kcms/detail/12．1140．G8．20240419．1527．004．html．

表示，建成教育强国、建成世界重要人才中心和创新高地，需要在拔尖创新人才和人才自主培养能力上发力。”① 培养体育产业的新型人才要从以下几个方面入手：一是发挥政府在培养体育产业新质人才中的作用，建立与体育产业高质量发展相匹配的人才政策，通过不断完善社会保障体系，为就业者提供可靠的平台生态，吸引更多的复合型人才进入体育产业市场，参与体育产业的数字化转型。二是激活体育企业在释放政策红利中的创新合力。体育企业既是体育新质人才的需求方，也是体育新质人才的培养方，通过为创新能力强的企业给予一定税收优惠，鼓励其加强与高等院校、专业培训机构的合作，为企业自主创新储备后备人才，从而打造体育新质人才高地。三是加快推进“产学研用”平台的建设，促进资金、技术、应用、市场等要素之间的互联互通，加强不同产业创新主体之间的交流与协作，打通体育科研“最先一公里”与体育产业应用“最后一公里”之间的联系，从而建立体育科技成果转移转化市场、技术交易市场，全国性及地区性体育产业“产学研用”一体化平台，提高体育科研成果转化效率。② 四是优化调整高校体育学科专业结构，围绕培育发展体育产业新质生产力优秀人才，大力推进新型体育产业科技创新学科建设，布局体育产业与人工智能、量子信息、生命科学相融合的新兴领域专业，积极培养体育产业国家战略人才和急需紧缺人才。

（二）开发体育新技术：科技创新驱动产业升级

习近平总书记在提出加快形成新质生产力时就明确强调，将新质生产力与现代化产业体系建设紧密联系，要“整合科技创新资源，引领发展战略性新兴产业和未来产业”，“以科技创新引领现代化产业体系建设”③。高新科学技术是国家转型发展的手段，是突破发展瓶颈的关键。近年来，我

---

① 新华网．惠民生、纾民困、解民忧——四部门主要负责人回应民生热点问题［EB/OL］．(2024-03-10)［2024-06-20］．https：//www.gov.cn/zhengce/202403/content_6938421.htm.

② 潘凯凡，沈克印．以数字新质生产力推动体育产业高质量发展的内在机理、阻滞因素与推进策略［J］．体育学刊，2024，31（2）：7-14.

③ 中国社会科学网．以新质生产力引领现代化产业体系建设［EB/OL］．（2024-03-27）［2024-04-03］．https：//baijiahao.baidu.com/s?id=1794642470048016595&wfr=spider&for=pc.

国科技创新整体实力稳步提升，全社会研发投入从2012年的1.03万亿元增长到2023年的3.3万亿元，研发经费投入强度从1.91%增至2.64%，① 加速形成富有国际竞争力的创新技术。因此，要积极推动体育科学技术创新，驱动体育产业转型。首先，提升体育产业创新技术的有效供给。产业数字化升级是数字经济发展的主引擎，其中最重要的表现是传统产业向高附加值、低能耗的数字化、智能化转型。② 要打造中国特色的体育产业集群，推动建设一批国家级技术创新中心、企业技术创新战略联盟、共建联合实验室、研究中心等协同创新平台，搭建多元主体协同参与的体育核心技术攻关体系，推动资源共建共享，实现体育传统产业的革新再造。其次，发展壮大新兴体育产业链，鼓励电子竞技、竞赛表演、体育健身等“人工智能+”体育融合发展模式，形成新型体育业态，扩大体育消费规模，推动体育产业全产业链发展。③ 最后，战略构建未来体育产业。以元宇宙、脑机接口、量子信息等前瞻性技术创新应用培育发展体育未来产业，以“体育+”融合新业态、新模式，加快构建未来体育产业体系。

（三）建立体育新机制：协同融合提升要素配置

为推动新质生产力的蓬勃发展，必须深化全面改革，构建与之相契合的新型生产关系。通过协同融合生产要素的配置模式，塑造出更具活力的管理模式与体制机制，进而激发各方积极性，促使各类优质、先进的生产要素顺畅流向新质生产力的发展洪流中。体育产业体制机制改革，要从政策、市场、社会环境三方面完善。首先，要构建体育产业数字化、智能化发展的政策环境。政府应当增加政策支持，促进跨区域、多层次的算力网建设，对数字化、智能化改造体育设施、创新体育产品、提高体育服务水平的多元主体给予税收减免或资金补贴。同时，从体育基础设施、网络安

---

① 阴和俊．让科技创新为新质生产力发展注入强大动能．《求是》[EB/OL]．(2024-04-01)[2024-04-03]．http://www.qstheory.cn/dukan/qs/2024-04/01/c_1130100408.htm.

② 孙早，王乐，张希．数字化赋能产业转型升级：机遇、挑战与实现路径[J]．西安交通大学学报（社会科学版），2023，43（6）：51-63.

③ 邵桂华，王晨曦．新发展格局下体育产业链现代化发展：问题论域、动力机制与实践路径[J]．沈阳体育学院学报，2022，41（4）：111-117.

全、数据安全和隐私保护等多个维度加强法律保障，为体育产业的健康发展提供坚实的法律基石。其次，优化体育市场的环境。通过简化审批流程、降低准入门槛和放宽管制等措施，推动体育全产业链建设。完善数字化体育产业生态体系，培优扶强龙头企业，促进中小企业专精特新发展，打造数字化体育产业生态集群，形成“龙头企业带动—产业链配套—产业集群成势”为特色的全新增长点。最后，改善社会体育环境。积极打造智能场馆、智慧步道、智慧公园、智能跑道、虚拟骑行等多样式的新型体育场景，为广大体育爱好者提供更加便捷和科技化的运动方式，创造全新的体育互动体验，为体育产业发展注入新的活力。

（四）引领体育新赛道：绿色低碳实现可持续发展

推动绿色改革，形成可持续发展态势。生态文明建设事关中华民族永续发展，是建设美丽中国、推进中华民族现代文明建设的必然要求。① 因此，要加大对体育产业绿色科技创新的投入，推广和应用先进的绿色生产技术和管理模式，提高体育产业的资源利用效率，降低能源消耗和环境污染，② 以体育智能化设备产品的普及凝聚最广泛的“绿色共识”。同时，体育产业还要积极探索生态优先的绿色发展模式，培养绿色发展理念，推广绿色低碳生活方式，从而构建科学合理的体育产业新格局。首先，依靠科技赋能助力体育产业低碳发展、绿色转型。通过创新绿色技术、管理模式，推动体育产业全链条的数字化低碳改造，在此基础上，运用大数据实现碳排放信息的智能化获取，做好碳排控制和减排措施，为绿色发展考评政策的制定提供参考。其次，发展“体育＋”跨界合作的发展模式，不断增强体育产业各领域协同融合的凝聚力。通过“体育＋文化”“体育＋旅游”“体育＋农业”等创新模式，不断优化产业布局，以激发体育产业更大的活力，从而走出一条体育与生态环境、自然资源、地方经济协调发展的绿色生态发展之路。最后，推动自然资源向户外运动开放，开展户外运动资源

---

① 宋月红．新质生产力本身就是绿色生产力［J］．新湘评论，2024（6）：16－17．

② 张芹生．可持续发展理念下的绿色体育场馆建设管理［J］．低碳世界，2023，13（10）：79－81．

普查工作，建立“一档一卡”的信息库，设立地方政府专门管理部门，构建问责机制和监督机制，贯彻人与自然和谐共生模式，促使体育产业绿色低碳可持续发展。

坚持以习近平新时代中国特色社会主义思想为指导，深入贯彻习近平总书记关于发展新质生产力的重要论述，是新时代推动体育产业智能化、数字化发展，促进体育产业结构升级，推进绿色可持续发展，实现体育产业高质量发展的关键所在。现阶段，国内外体育领域已迎来了拥抱科技的大趋势，未来体育将全面进入智能时代，我们要将新质生产力助推体育产业的发展，作为一项长期的战略性工作，久久为功、持续发力，把科技创新摆在体育产业发展的核心位置，从更深层次、更宽领域、更大力度、更广范围加快推进体育产业科技创新，以科技创新为第一动力，以数字化智能化为引领，以产业质效提升为目标，以优化完善体制机制为保障，以践行绿色低碳发展为导向，不断开创体育产业高质量发展新局面。

参考文献

一、学术著作类

[1] 白亚光．马克思主义认识论丛谈［M］．哈尔滨：黑龙江人民出版社，2001．

[2] 道格拉斯·C. 诺思．制度、制度变迁与经济绩效［M］．杭行，译．上海：格致出版社，2008．

[3] 付渊，刘勇．电子信息导论［M］．北京：北京理工大学出版社，2022．

[4] 盖凯程，韩文龙．新质生产力［M］．北京：中国社会科学出版社，2024．

[5] 林毅夫．新质生产力：中国创新发展的着力点与内在逻辑［M］．北京：中信出版社，2024．

[6] 刘擎．西方现代思想讲义［M］．北京：新星出版社，2021．

[7] 马克思，恩格斯．马克思恩格斯选集：第 1 卷［M］．北京：人民出版社，2012．

[8] 马克思，恩格斯．马克思恩格斯选集：第 2 卷［M］．北京：人民出版社，2012．

[9] 马克思，恩格斯．马克思恩格斯选集：第 3 卷［M］．北京：人民出版社，2012．

[10] 马克思，恩格斯．马克思恩格斯文集：第 5 卷［M］．北京：人民出版社，2009．

[11] 马克思，恩格斯．马克思恩格斯文集：第 8 卷［M］．北京：人民出

版社，2009.
［12］马克思，恩格斯．马克思恩格斯文集：第 10 卷［M］．北京：人民出版社，2009.
［13］马克思．资本论：第一卷［M］．北京：人民出版社，2004.
［14］马克思．资本论：第二卷［M］．北京：人民出版社，2004.
［15］习近平．习近平谈治国理政（第 2 卷）［M］．北京：外文出版社，2023.
［16］中共中央马克思恩格斯列宁斯大林著作编译局．资本论：第 3 卷［M］．北京：人民出版社，2004.
［17］中共中央文献研究室．习近平关于科技创新论述摘编［M］．北京：人民出版社，2016.

二、中文期刊类

［1］白晶．全民健身场地设施智慧化转型的逻辑理路、现实困境与优化路径［J］．吉林体育学院学报，2023，39（3）.
［2］鲍明晓．全面建设体育强国的核心逻辑、战略要点和关键问题［J］．北京体育大学学报，2023，46（2）.
［3］布特，李佼慕，邹新娴．北京冬奥会绿色科技创新与生态文明遗产研究［J］．科学管理研究，2022，40（1）.
［4］布特，苏立德，郑澜．体育新质生产力的内涵特征、价值与形成路径研究［J］．北京体育大学学报，2024，47（3）.
［5］布特，万斌，邹新娴．基于中国式现代化的体育现代化哲学分析［J］．北京体育大学学报，2023，46（1）.
［6］蔡腾旭，袁际学，李翼飞，等．运动监控中心率变异性分析方法的研究进展［J］．体育科技文献通报，2022，30（10）.
［7］蔡有志，陈洪．创新驱动：我国体育科技发展的战略选择［J］．北京体育大学学报，2014，37（4）.
［8］曹景伟．以高水平体育科技自立自强赋能新时代体育强国建设［J］．体育科学，2023，43（2）.
［9］曹宇，刘玫瑾，刘正．我国智慧体育研究回溯与展望［J］．体育文化

导刊，2021（1）.
［10］钞小静，王清．新质生产力驱动高质量发展的逻辑与路径［J］．西安财经大学学报，2024，37（1）.
［11］陈丛刊，陈宁．新征程体育现代化的目标和任务：理论逻辑与实践导向［J］．广州体育学院学报，2023，43（1）.
［12］陈刚．广泛开展全民健身运动，加快推进体育强国建设——以十九大精神为指引开创江苏体育发展新局面［J］．体育与科学，2018，39（1）.
［13］陈佳美．组织创新对中国经济增长质量提高的影响分析［J］．经济学家，2013（12）.
［14］陈锦，邱楷，张媛媛．“互联网＋”背景下智慧体育平台建设方案［J］．南京体育学院学报（自然科学版），2017，16（3）.
［15］陈劲，阳银娟，刘畅．面向 2035 年的中国科技创新范式探索：融通创新［J］．中国科技论坛，2020（10）.
［16］陈小平．从助力到引领——竞技运动训练科学化的转折与发展［J］．体育与科学，2023，44（3）.
［17］陈作松，汪流，史文文，等．我国青少年体育高质量发展研究［J］．首都体育学院学报，2023，35（5）.
［18］崔李明，杨桃．新发展阶段下我国竞技体育治理体系改革的推进路径［J］．西安体育学院学报，2022，39（5）.
［19］戴健，史小强，程华．“十四五”时期我国全民健身发展的环境变化与战略转型［J］．体育学研究，2022，36（5）.
［20］董传升，张立．新时代泛在体育治理的逻辑与策略［J］．北京体育大学学报，2019，42（6）.
［21］董晋，季炜然．基于 LSTM 网络与 ECG 信号的青少年运动强度识别方法［J］．印刷与数字媒体技术研究，2023（6）.
［22］杜传忠，疏爽，李泽浩．新质生产力促进经济高质量发展的机制分析与实现路径［J］．经济纵横，2023（12）.
［23］方世南．以中国式现代化全面推进中华民族伟大复兴的政治宣言和行动指南［J］．学术探索，2023（1）.

[24] 冯华，陈亚琦. 平台商业模式创新研究——基于互联网环境下的时空契合分析 [J]. 中国工业经济，2016 (3).

[25] 冯剑. 群众体育赛事从管理到治理：动力、逻辑与路径 [J]. 西安体育学院学报，2018，35 (3).

[26] 冯俊翔，郑家鲲. 数字技术嵌入全民健身公共服务负效应的形成与消解 [J]. 体育学刊，2024，31 (1).

[27] 冯连世. 改革开放 40 年中国体育科技发展与思考 [J]. 体育文化导刊，2019 (3).

[28] 冯振伟，田丰，陈召，等. 全民健身智慧化的条件诉求、阻滞因素与优化路径 [J]. 沈阳体育学院学报，2022，41 (4).

[29] 付晓静，徐千禧，潘陈青. 算法推荐机制下北京冬奥会的“可见性”——基于抖音短视频平台的研究 [J]. 北京体育大学学报，2023，46 (4).

[30] 傅钢强，魏歆媚，刘东锋. 人工智能赋能体育场馆智慧化转型的基本表征、应用价值及深化路径 [J]. 体育学研究，2021，35 (4).

[31] 盖笑松，许洁，闫艳，等. 体感游戏促进儿童的执行功能：运动强度和认知参与的作用 [J]. 心理学报，2021，53 (5).

[32] 关朝阳，周娜娜. 当前我国体育社会科学成果转化的现状、问题及转化路径 [J]. 沈阳体育学院学报，2020，39 (1).

[33] 郭月德，彭国强. 世界竞技体育强国科技助力奥运备战举措及启示 [J]. 体育文化导刊，2023 (9).

[34] 韩松，余锦洋，陈宗科. 体育算力的基本内涵、测度体系及发展研瞻 [J]. 河北体育学院学报，2024，38 (3).

[35] 侯建国. 奋力开创国际科技交流合作新局面 [J]. 当代世界，2023 (5).

[36] 侯强，周兰珍. 新中国成立以来中国共产党科技发展理念的现代化演进 [J]. 社科纵横，2023，38 (3).

[37] 胡旭忠，徐伟康. 体育分析中运动员个人数据保护的研究 [J]. 体育与科学，2021，42 (2).

[38] 黄谦，熊优，江礼磊，等. 数字科技赋能体育强国建设的逻辑理路与

推进路径［J］．体育科研，2023，44（4）．
［39］贾向桐．科技创新视域下的生态可持续发展问题［J］．人民论坛·学术前沿，2020（2）．
［40］蒋永穆，乔张媛．新质生产力：逻辑、内涵及路径［J］．社会科学研究，2024（1）．
［41］蒋志学．促进体育科技创新，推动体育强国建设——在第九届全国体育科学大会上的主题报告［J］．体育科学，2012，32（1）．
［42］教育部体育卫生与艺术教育司．第八次全国学生体质与健康调研结果发布［J］．中国学校卫生，2021，42（9）．
［43］雷正方．新时代全民健身高质量发展的科学内涵、问题指向与实践旨归［J］．成都体育学院学报，2024，50（1）．
［44］李超群．“以人民为中心”何以作为人权主体话语？——基于马克思主义语境中“人民”概念之证成［J］．人权，2021（1）．
［45］李海舰，李燕．企业组织形态演进研究——从工业经济时代到智能经济时代［J］．经济管理，2019，41（10）．
［46］李军，董蕾，赵亮，等．数字时代全民健身公共服务数据共享的动态演化博弈研究——基于多元主体协同视角［J］．体育学研究，2023，37（3）．
［47］李军岩．新时代我国全民健身消费供给研究［J］．沈阳体育学院学报，2018，37（4）．
［48］李荣日，于迪扬．数字经济驱动体育产业振兴发展：逻辑理路与实现向度［J］．天津体育学院学报，2023，38（6）．
［49］李若洋，钟亚平，吴彰忠．数字赋能全民健身高质量发展：基本内涵、逻辑理路与实践转向［J］．山东体育学院学报，2023，39（6）．
［50］李文华，李春雷，吴晓妹，等．飞轮离心超负荷训练与传统力量训练对运动员的运动表现影响比较的 Meta 分析［J］．首都体育学院学报，2023，35（1）．
［51］李文军，郭佳．我国战略性新兴产业发展：成效、挑战与应对［J］．经济纵横，2022（8）．
［52］李晓华．数字经济新特征与数字经济新动能的形成机制［J］．改革，

2019（11）.
［53］李宣廷，贺彬，钟胜男．竞技体育领域中的异化现象及其根源探究［J］．沈阳体育学院学报，2023，42（3）.
［54］李颖川．不忘初心，继往开来，为体育科技事业发展谱写新篇章——在中国体育科学学会成立40周年纪念会上的讲话［J］．体育科学，2021，41（1）.
［55］李政，廖晓东．发展“新质生产力”的理论、历史和现实“三重”逻辑［J］．政治经济学评论，2023，14（6）.
［56］廖开放，高崇，杨威，等．基于速度的力量训练：应用基础与训练效果［J］．上海体育学院学报，2021，45（11）.
［57］刘波，郭振，尹志华，等．加快建设体育强国背景下竞技体育发展新模式研究［J］．体育学研究，2023，37（1）.
［58］刘冬磊，崔丽丽，孙晋海．构建体育产业创新生态系统的理论设计与路径研究［J］．体育科学，2023，43（9）.
［59］刘青，赵元吉，刘智丽，等．体育在健康中国建设中的作用及走向（笔谈）［J］．成都体育学院学报，2017，43（1）.
［60］刘正，曹宇．智慧体育的伦理审视［J］．体育文化导刊，2018（3）.
［61］柳鸣毅，丁煌，闫亚茹，等．“体育强、中国强”的学理阐述：习近平总书记体育思想初探［J］．武汉体育学院学报，2018，52（1）.
［62］柳鸣毅，刘松，敬艳，等．建立青少年数字化体育服务机制的实践探索——基于全国青少年线上亲子体育活动的个案研究［J］．天津体育学院学报，2023，38（2）.
［63］陆施熠，胡海旭，金成平，等．运动训练负荷的多模态监控模式及实践策略［J］．中国体育科技，2024，60（1）.
［64］陆素文，蒋荣．论“科技奥运”对中国竞技体育发展的“张力”［J］．南京体育学院学报（社会科学版），2009，23（5）.
［65］吕铁．传统产业数字化转型的趋向与路径［J］．人民论坛·学术前沿，2019，（18）.
［66］毛振明，叶玲，丁天翠，等．“三精准”视域下新时代学校体育大面积大幅度提升学生体质干预策略研究［J］．天津体育学院学报，

2022，37（2）.
［67］米加宁，李大宇，董昌其．算力驱动的新质生产力：本质特征、基础逻辑与国家治理现代化［J］．公共管理学报，2024，21（2）.
［68］潘凯凡，沈克印．以数字新质生产力推动体育产业高质量发展的内在机理、阻滞因素与推进策略［J］．体育学刊，2024，31（2）.
［69］潘玮，沈克印．数字经济助推体育产业高质量发展的理论基础、动力机制与实施路径［J］．体育学刊，2022，29（3）.
［70］潘玮，沈克印．新科技革命背景下体育产业信息化建设价值、问题与路径［J］．体育文化导刊，2022（9）.
［71］彭国强．"两个大局"背景下中国竞技体育发展：形势分析、现实困境与创新方略［J］．体育科学，2023，43（4）.
［72］戚聿东，李颖．新经济与规制改革［J］．中国工业经济，2018（3）.
［73］任保平．从中国经济增长奇迹到经济高质量发展［J］．政治经济学评论，2022，13（6）.
［74］任保平．新时代中国经济从高速增长转向高质量发展：理论阐释与实践取向［J］．学术月刊，2018，50（3）.
［75］任波，黄海燕．"双碳"目标下中国体育产业结构优化的内在机理与升级策略［J］．体育学研究，2022，36（4）.
［76］邵桂华，王晨曦．新发展格局下体育产业链现代化发展：问题论域、动力机制与实践路径［J］．沈阳体育学院学报，2022，41（4）.
［77］石建勋，徐玲．加快形成新质生产力的重大战略意义及实现路径研究［J］．财经问题研究，2024（1）.
［78］时丽珍，黄晓灵，李增光，等．新质生产力赋能体育用品制造业高质量发展的出场语境、推进困囿与实践路径［J］．沈阳体育学院学报，2024，43（2）.
［79］史小强，戴健．"十四五"时期我国全民健身发展的形势要求、现实基础与目标举措［J］．体育科学，2021，41（4）.
［80］宋月红．新质生产力本身就是绿色生产力［J］．新湘评论，2024（6）.
［81］孙宏艳．青少年体育运动状况调查及对策［J］．青年学报，2022

(2).
[82] 孙早，王乐，张希．数字化赋能产业转型升级：机遇、挑战与实现路径［J］．西安交通大学学报（社会科学版），2023，43（6）.
[83] 王宝珠，王朝科．数据生产要素的政治经济学分析——兼论基于数据要素权利的共同富裕实现机制［J］．南京大学学报（哲学·人文科学·社会科学），2022，59（5）.
[84] 王广虎，冉学东．体育的历史生成——“体育基本原理”基于教材文本的学科反思［J］．成都体育学院学报，2022，48（1）.
[85] 王广虎，冉学东．中国式现代化体育发展的理论基础与观念更新［J］．北京体育大学学报，2022，45（12）.
[86] 王珏，王荣基．新质生产力：指标构建与时空演进［J］．西安财经大学学报，2024，37（1）.
[87] 王宁宁，程文广．全民健身公共服务智慧化实践困境及行动路向［J］．体育文化导刊，2022（10）.
[88] 王奇，颜小燕．大数据时代我国体育发展面临的机遇与挑战［J］．体育与科学，2016，37（1）.
[89] 魏崇辉．新质生产力的基本意涵、历史演进与实践路径［J］．理论与改革，2023（6）.
[90] 吴彰忠，钟亚平，史金田，等．数智赋能科学训练：内涵逻辑、国际经验与本土实践［J］．体育学研究，2023，37（1）.
[91] 吴彰忠，钟亚平，张立，等．中国式现代化体育新道路：数字体育的使命与路向［J］．体育科学，2023，43（6）.
[92] 吴彰忠，钟亚平，周易文，等．数字赋能构建更高水平全民健身公共服务体系——基于多学科视角的模型构建［J］．体育学刊，2023，30（6）.
[93] 习近平．坚持历史唯物主义不断开辟当代中国马克思主义发展新境界［J］．社会主义论坛，2020（2）.
[94] 习近平：加强基础研究　实现高水平科技自立自强［J］．环境科学与管理，2023，48（8）.
[95] 谢正阳，周铭扬．人工智能与公共体育服务融合发展的逻辑、价值与

路径［J］．北京体育大学学报，2021，44（12）．
［96］新华社．习近平在黑龙江考察时强调：牢牢把握在国家发展大局中的战略定位奋力开创黑龙江高质量发展新局面［J］．党的生活（黑龙江），2023（9）．
［97］徐军海．人才驱动新质生产力的路径选择［J］．中国人才，2024（2）．
［98］徐伟康，林朝晖．人工智能与全民健身融合发展的价值逻辑、现实困境与优化路径［J］．上海体育学院学报，2022，46（10）．
［99］徐正旭．我国体育科技伦理治理：边界、内容与途径［J］．体育科学，2023，43（2）．
［100］杨国庆．中国竞技体育的发展困囿与纾解方略［J］．上海体育学院学报，2022，46（1）．
［101］尹寒．数字劳动异化的实质、表现及其超越［J］．思想教育研究，2024（2）．
［102］于城泮，宋永志．数字技术赋能全民健身公共服务现代化发展研究［J］．辽宁体育科技，2023，45（6）．
［103］隅人．科技与出版：赋能中国式现代化的必然选择［J］．科技与出版，2023（7）．
［104］袁凌峰，黄铭涵，毛俊，等．基因数据在体育运动领域的应用与展望［J］．体育与科学，2022，43（3）．
［105］岳游松，刘素萍．从救亡图存到人民至上：中国式现代化进程中体育观念的内涵拓展［J］．武汉体育学院学报，2024，58（2）．
［106］张宝英，陈泓竹．数字技术驱动文化产业转型升级的逻辑思路与人才支撑［J］．就业与保障，2022（3）．
［107］张辉，唐琦．新质生产力形成的条件、方向及着力点［J］．学习与探索，2024（1）．
［108］张剑威，刘东锋．体育强国研究：综述与展望［J］．体育与科学，2021，42（2）．
［109］张健，孙辉，李婷文，等．大型体育赛事及其衍生品的社会经济效益与优化策略［J］．西安体育学院学报，2020，37（1）．

[110] 张姣玉，徐政．中国式现代化视域下新质生产力的理论审视、逻辑透析与实践路径［J］．新疆社会科学，2024（1）．
[111] 张立榕．数据生产要素化的历史进程：生产力与生产关系的视角［J］．东南学术，2023（5）．
[112] 张林，蒲清平．新质生产力的内涵特征、理论创新与价值意蕴［J］．重庆大学学报（社会科学版），2023，29（6）．
[113] 张芹生．可持续发展理念下的绿色体育场馆建设管理［J］．低碳世界，2023，13（10）．
[114] 张润峰．论中国式现代化道路的生发逻辑与独特内涵［J］．探索，2022（2）．
[115] 张三元．发展新质生产力与构建绿色健康生活方式［J］．思想理论教育，2024（4）．
[116] 张涛，刘红建．新时代全民健身与多业态融合发展路径研究［J］．南京体育学院学报，2022，21（2）．
[117] 张文才，何敏学．O2O 教学模式应用于体育教学的本质与模式建构［J］．教学与管理，2020（3）．
[116] 张祥府，代刚．我国青少年竞技体育后备人才培养的区域化发展：集中度分析与梯度发展策略研究［J］．体育科学，2021，41（8）．
[119] 赵剑波，史丹，邓洲．高质量发展的内涵研究［J］．经济与管理研究，2019，40（11）．
[120] 赵皎卉，朱元利．从“AI+”到“+AI”：人工智能促进全民健身高质量发展的机理与路径［J］．西安体育学院学报，2023，40（5）．
[121] 赵晚晴，赵轶龙，叶海波，等．新时代体育融入生态文明建设的逻辑机理、原则导向与实践路径［J］．成都体育学院学报，2023，49（2）．
[122] 钟贞山，王希金．新时代科技自立自强与全面建设社会主义现代化国家——习近平总书记关于关键核心技术攻关重要论述研析［J］．湖北大学学报（哲学社会科学版），2023，50（1）．
[123] 周慧珺，邹文博．数字化转型背景下数字鸿沟的现状、影响与应对策略［J］．当代经济管理，2023，45（3）．

［124］周铭扬，罗亮，缪律，等．社区青少年体育数字治理的理论逻辑与实现路径［J］．天津体育学院学报，2023，38（2）．
［125］周铭扬，王先亮．智能制造赋能体育用品制造业的作用机理、制约因素与转型升级路径［J］．中国体育科技，2023，59（8）．
［126］周生旺，程传银．身体与技术：身体哲学视域下人工智能融入体育的伦理审思［J］．上海体育学院学报，2021，45（9）．
［127］周文，许凌云．论新质生产力：内涵特征与重要着力点［J］．改革，2023（10）．
［128］朱元利，赵皎卉，蔡勇．智慧健身服务的四元空间模型：内涵特征、理论框架、关键问题与解决策略［J］．北京体育大学学报，2022，45（12）．
［129］祝智庭，戴岭，赵晓伟，等．新质人才培养：数智时代教育的新使命［J］．电化教育研究，2024，45（1）．
［130］邹新娴，杨松，白宇飞．数字经济赋能我国体育消费升级的作用机理与实现路径［J］．沈阳体育学院学报，2022，41（6）．

三、外文期刊类

[1] BU T, POPOVIC S, HUANG H, et al. Relationship between national economic development and body mass index in Chinese children and adolescents aged 5 – 19 from 1986 to 2019 [J]. Frontiers in pediatrics, 2021, 9.
[2] IMBACH F, CANDAU R, CHAILAN R, et al. Validity of the Stryd power meter in measuring running parameters at submaximal speeds [J]. Sports, 2020, 8 (7).
[3] KELLY I R, DOYTCH N, DAVE D. How does body mass index affect economic growth? A comparative analysis of countries by levels of economic development [J]. Economics & human biology, 2019, 34.
[4] PERREY S. Training monitoring in sports: it is time to embrace cognitive demand [J]. Sports, 2022, 10 (4).
[5] SHORTLIFFE E H, SEPÚLVEDA M J. Clinical decision support in the era

of artificial intelligence [J]. Jama，2018，320 (21).

四、电子文献类

[1] 艾瑞咨询. 中国运动健身行业发展趋势白皮书 [EB/OL]. (2018-12-08) [2024-05-10]. http://report. iresearch. cn. report/201903/3345. shtml.

[2] 北京大学. “数字体育”第一课开课！北大教学数字化转型拉开新篇章 [EB/OL]. (2024-02-23) [2024-06-05]. https://news. pku. edu. cn/xwzh/ccd228309e654c3196a3aedfdf69ee5c. htm.

[3] 布特. 以新质生产力助推体育事业高质量发展 [EB/OL]. (2024-03-07) [2024-03-20]. https://sports. gmw. cn/2024-03/07/content_37190899. htm.

[4] 布特，苏立德，郑澜. 体育新质生产力探究 [J/OL]. 天津体育学院学报，[2024-05-05]. http://kns. cnki. net/kcms/detail/12. 1140. G8. 20240419. 1527. 004. html.

[5] 光明网. 科技助力冬奥 212 项技术在北京冬奥会上落地应用 [EB/OL]. (2022-02-16) [2022-07-21]. https://www. 163. com/dy/article/H0SOMF6P0529SL28. html.

[6] 国家发展和改革委员会. 系统布局新型基础设施 夯实现代化强国先进物质基础 [EB/OL]. (2021-11-29) [2024-05-28]. https://www. ndrc. gov. cn/fzggw/jgsj/gjss/sjdt/202111/t20211129_ 1305567. html.

[7] 恒大足球学校. 恒大青训“黑科技”再升级，智能足球技术训练馆投入使用 [EB/OL]. (2021-08-04) [2024-06-05]. https://fs. evergrande. com/show. php? id=1022.

[8] 恒鸿达. AI 体育考试/模拟考解决方案 [EB/OL]. (2024-04-24) [2024-04-28]. http://www. hengonda. com/index-list-60.

[9] 黄再胜. AI 大模型赋能新质生产力加快发展：内在机理、现实障碍与实践进路 [J/OL]. 改革与战略，[2024-03-11]. https://link. cnki. net/doi/10. 16331/j. cnki. issn1002-736x. 2024. 02. 001.

[10] 江苏教育新闻网. 上海市一师附小：数字化技术赋能，让“愉快教育”

更“愉快”［EB/OL］.（2023－09－08）［2024－06－05］. http：//www. jsenews. com/rmzt/2023Y/csj/sh/202309/t20230908_ 8078841. shtml.

［11］梁立启，陈琦 . 体育新质生产力的理论向度与实践进路［J/OL］. 广州体育学院学报，［2024－05－26］. http：//kns. cnki. net/kcms/detail/44. 1129. g8. 20240405. 1929. 004. html.

［12］梁圣蓉，罗良文 . 新时代加快形成新质生产力的焦点难点与关键路径［J/OL］. 当代经济管理，［2024－03－29］. https：//link. cnki. net/doi/10. 13253/j. cnki. ddjjgl. 2024. 07. 002.

［13］罗锡文，鲍明晓 . 新质生产力促进体育产业高质量发展的动力机制与路径选择［J/OL］. 广州体育学院学报，［2024－04－18］. http：//kns. cnki. net/kcms/detail/44. 1129. g8. 20240405. 1929. 002. html.

［14］马莲红 . 1064 亿刀市场，Meta、腾讯入局，虚拟健身看涨［EB/OL］.（2023－02－20）［2024－05－05］. https：//sports. ifeng. com/c/8NZ8vlhLsX6.

［15］平萍 . 上海高科技智能化信息化走入青少年训练［EB/OL］.（2017－07－26）［2024－04－28］. https：//www. sport. gov. cn/n20001280/n20745751/n20767277/c21373309/content. html.

［16］青少年体育司 . 2019 年亮点频出 2020 年凝心聚力［EB/OL］.（2020－06－24）［2024－03－20］. https：//www. sport. gov. cn/qss/n5014/c953667/content. html.

［17］清华大学全球产业研究院 .《2022—2023 全球计算力指数评估报告》［EB/OL］.（2023－08－14）［2024－04－28］. https：//www. igi. tsinghua. edu. cn/info/1019/1321. htm.

［18］曲忠芳，李正豪 . 报告称我国数字人才缺口超过 2500 万［EB/OL］.［2022－03－25］. https：//baijiahao. baidu. com/s？id＝1761280861370790860&amp；wfr＝spider&amp；for＝pc.

［19］人民论坛网 . 高学历人才超 2. 4 亿！人才红利如何充分释放？［EB/OL］.（2023－09－25）［2024－03－29］. https：//baijiahao. baidu. com/s？id＝1777974090615800512&wfr＝spider&for＝pc.

［20］人民网 . 人民爱健身发布《2022 国民健身趋势报告》［EB/OL］.

(2022-08-02) [2024-03-20]. http://health.people.com.cn/n1/2022/0802/c14739-32491985.html.

[21] 人民网. 政府工作报告：大力推进现代化产业体系建设，加快发展新质生产力 [EB/OL]. (2024-03-05) [2024-03-20]. http://lianghui.people.com.cn/2024/n1/2024/0305/c458654-40189271.html.

[22] 搜狐网. 恒大足校的青训"黑科技"：大数据分析+专业水疗康复 [EB/OL]. (2019-08-07) [2024-06-05]. https://www.sohu.com/a/332126735_120044279.

[23] WSA. Cyber Threat to Sports Organisations [EB/OL]. (2021-02-09) [2024-06-04]. https://wsa.wales/cyber-threat-to-sports-organisations/.

[24] 新华社. 高科技！智慧篮球训练测评系统"篮 Buff"助力青少年体育 [EB/OL]. (2018-05-25) [2024-04-28]. http://m.xinhuanet.com/sports/2018-05/25/c_1122884887.htm.

[25] 新华社. 习近平在参加江苏代表团审议时强调：因地制宜发展新质生产力 [EB/OL]. (2024-03-05) [2024-03-07]. https://www.gov.cn/yaowen/liebiao/202403/content_6936752.htm.

[26] 新华社. 习近平在湖南考察时强调：坚持改革创新求真务实 奋力谱写中国式现代化湖南篇章 [EB/OL]. (2024-03-21) [2024-03-24]. https://www.gov.cn/yaowen/liebiao/202403/content_6940751.htm.

[27] 新华社. 习近平在中共中央政治局第十一次集体学习时强调：加快发展新质生产力 扎实推进高质量发展 [EB/OL]. (2024-02-01) [2024-03-13]. https://www.gov.cn/yaowen/liebiao/202402/content_6929446.htm.

[28] 新华网. 惠民生、纾民困、解民忧——四部门主要负责人回应民生热点问题 [EB/OL]. (2024-03-10) [2024-06-20]. https://www.gov.cn/zhengce/202403/content_6938421.htm.

[29] 新华网. 数据产量超 32ZB！数字中国持续释放"数"活力 [EB/OL]. (2024-04-02) [2024-05-02]. http://www.news.cn/mrdx/2024-04/03/c_1310770103.htm.

[30] 新浪体育. 基因检测助力科学选材 体育科技又一新成果 [EB/OL].

(2019 - 06 - 24) [2024 - 04 - 28]. https://sports.sina.com.cn/others/others/2019 - 06 - 24/doc-ihytcerk9988096.shtml.

[31] 闫金红，李繁荣．新质生产力视域下颠覆性科技创新的伦理分析与风险防控 [J/OL]. 北京理工大学学报（社会科学版），[2024 - 05 - 14]. https://doi.org/10.15918/j.jbitss1009 - 3370.2024.0810.

[32] 阴和俊．让科技创新为新质生产力发展注入强大动能．《求是》[EB/OL]. (2024 - 04 - 01) [2024 - 04 - 03]. http://www.qstheory.cn/dukan/qs/2024 - 04/01/c_ 1130100408.htm.

[33] 赵富学．中国式现代化视域下体育助推中华民族伟大复兴的内涵释析及视野架构 [J/OL]. 体育学研究，[2023 - 09 - 24]. https://doi.org/10.15877/j.cnki.nsic.20230901.003.

[34] 中国教育网络．拥抱数字化时代：北京大学数字体育战略布局 [EB/OL]. (2024 - 04 - 15) [2024 - 06 - 05]. https://www.edu.cn/xxh/xy/xytp/202404/t20240415_ 2598680.shtml.

[35] 中国社会科学网．以新质生产力引领现代化产业体系建设 [EB/OL]. (2024 - 03 - 27) [2024 - 04 - 3]. https://baijiahao.baidu.com/s? id = 1794642470048016595&wfr = spider&for = pc.

[36] 中国网信网．国家互联网信息办公室发布《数字中国发展报告（2022年）》[EB/OL]. (2025 - 05 - 23) [2024 - 04 - 20]. https://www.cac.gov.cn/2023 - 05/22/c_ 1686402318492248.htm.

五、报纸

[1] 常理．青少年体育消费市场将迎来巨大发展空间——体育市场供给越来越丰富 [N]. 经济日报，2022 - 04 - 17 (9).

[2] 陈有利，李小伟．共赴青春之约 共谱时代华章 [N]. 中国教育报，2023 - 11 - 06 (2).

[3] 郭静原．推动标准化与科技创新互动发展——用高标准助力高质量 [N]. 经济日报，2021 - 11 - 02 (8).

[4] 林春霞．以新质生产力要素为引擎赋能传统产业 [N]. 中国经济时报，2024 - 03 - 05 (3).

［5］刘晓．数字科技助力体育“智变”［N］．人民日报海外版，2023－11－29（9）．

［6］孟凌霄．中国人工智能计算力发展评估报告发布 生成式人工智能引发算力产业“三变”［N］．中国科学报，2023－12－13（3）．

［7］王辉．“运动银行”离我们有多远——《全民健身计划》给体育产业带来新契机［N］．中国体育报，2021－08－24（1）．

［8］王辉．新材料新技术新工艺不断涌现 体育场地营造进入升级时代［N］．中国体育报，2021－05－21（2）．

［9］习近平．高举中国特色社会主义伟大旗帜为全面建设社会主义现代化国家而团结奋斗［N］．人民日报，2022－10－26（1）．

［10］习近平．加快发展新质生产力 扎实推进高质量发展［N］．人民日报，2024－02－02（1）．

［11］张小林，张钊，朱麒瑞．发展新质生产力 加快推进体育强国建设［N］．中国体育报，2024－03－18（7）．

［12］中共中央关于认真学习宣传贯彻党的二十大精神的决定［N］．人民日报，2022－10－31（1）．

后 记

新质生产力是新的科技革命的变革力量，它不仅在改变生产关系、生活方式，还在改变人们参与体育运动的方式和习惯。2023 年秋天，习近平总书记考察黑龙江省时，提出“新质生产力”理论范畴，并围绕发展新质生产力做明确的指示。2023 年 12 月 29 日，我在长沙市体育局举办的全市体育产业论坛上做《长沙市体育制造业发展时代机遇与对策的战略思考》主题报告，提出长沙市体育产业发展要改变目前滞涨局面，一要大力发展体育制造业，二要建立现代体育产业体系，三要以新质生产力推动体育产业高质量发展。该报告引起与会企业家的高度关注。2024 年初，我在西安体育学院举办的“2023 体育经济与管理论坛暨体育管理学术论文报告会”上做的《体育产业制造业高质量发展的思考》专题报告中提出以新质生产力推动体育产业数字化发展的观点。尽管这一观点引起了部分学者的关注，但遗憾的是，大多数学者尚未认识到“新质生产力”的重要性。为了深刻推动研究，2024 年 3 月 6 日，我在《光明日报》客户端发表《以新质生产力助推体育事业高质量发展》，该文章引起全国范围广泛关注。此后，我带领团队深入、全面、系统地研究新质生产力，并将成果陆续发表在《北京体育大学学报》《天津体育学院学报》，首次提出了“体育新质生产力”范畴，并做出系统论述，以期能从体育维度推动对新质生产力的深入研究。

《体育新质生产力理论体系研究》一书共分为七章，包含两大部分：第一部分主要系统阐述了体育新质生产力内涵、特征及其与传统体育生产力的区别等内容；第二部分则从青少年体育、全民健身、竞技体育科技、体育产业高质量发展等维度，对体育新质生产力的发展问题进行了详尽的分析和论述，并初步构建了体育新质生产力理论框架。这本书的出版，首先要感谢团队成员的精诚合作和共同努力，这是团队协同努力的又一个标志性成果。在写作过程中，李佼慕、刘泽勇、万斌等同学承担了大量具体工作，做出了积极努力。感谢湖南师范大学出版社的鼎力相助和专业指导，本书正是有了出版社的支持，才得以迅速出版。当然，我们也要向本书中引用的所有参考文献的作者们表示感谢，正是他们的研究成果为我们提供了宝贵的理论支撑和灵感来源。

我们特别感谢北京体育大学原党委书记、校长，著名体育教育家杨桦教授。杨桦教授对我们的写作给予鼓励和支持，亲自审阅书稿，提出宝贵的修改意见，并写序推荐。在此向杨桦教授表示最诚挚的感谢。

《体育新质生产力理论体系研究》是国内首次研究体育新质生产力的专著，尽管我们在撰写过程中力争高水准、突出独创性，但由于时间紧迫以及水平所限，书中难免存在疏漏或不足之处。因此，我们热切期待并欢迎广大读者提出宝贵的批评与建议，以便我们在未来的研究中不断改进和提高。

最后，衷心希望《体育新质生产力理论体系研究》一书能为体育领域的研究与实践提供有益的参考和启示，为推动体育事业的高质量发展贡献一份力量。同时，也期待它能激发更多人对体育新质生产力的关注和思考，共同推动体育事业的繁荣与发展。

布　特

2024 年 7 月 1 日